U0819106

PRIMARY
Accounting

初级会计学

会计理论／例题讲解／实训操作

第三版

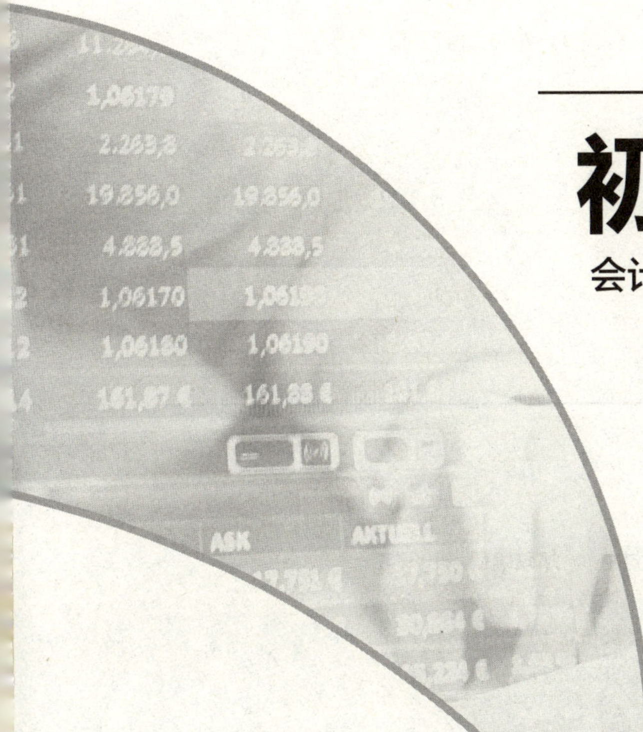

田培源　李宝珍／编著

中国市场出版社
China Market Press
·北 京·

图书在版编目（CIP）数据

初级会计学/田培源，李宝珍编著. —3 版. —北京：中国市场出版社，2019.8
ISBN 978-7-5092-1853-2

Ⅰ. ①初… Ⅱ. ①田… ②李… Ⅲ. ①会计学 Ⅳ. ①F230

中国版本图书馆 CIP 数据核字（2019）第 126923 号

初级会计学（第三版）
CHUJI KUAIJIXUE

编　　著　田培源　李宝珍
责任编辑　钱　伟　张　瑶
出版发行　中国市场出版社 China Market Press
地　　址　北京月坛北小街 2 号院 3 号楼　　**邮政编码**　100837
电　　话　编 辑 部（010）68032104　读者服务部（010）68022950
　　　　　　发 行 部（010）68021338　68020340　68053489
　　　　　　　　　　　　　68024335　68033577　68033539
　　　　　　总 编 室（010）68020336
　　　　　　盗版举报（010）68020336
经　　销　新华书店
印　　刷　河北鑫兆源印刷有限公司
规　　格　170 mm×240 mm　16 开本　　**版　　次**　2019 年 8 月第 3 版
印　　张　17.25　　**印　　次**　2019 年 8 月第 1 次印刷
字　　数　265 千字　　**定　　价**　39.00 元
书　　号　ISBN 978-7-5092-1853-2

版权所有　侵权必究　　印装差错　负责调换

前　言

2002年，我们编写了《会计学原理》一书。2008年，我们对《会计学原理》进行了修订并更名为《初级会计学》。《初级会计学》因其实务性强、讲解清晰等特点受到了广大读者的关注和喜爱，同时也收到一些宝贵的建议。2013年，我们对《初级会计学》进行了修订，出版了《初级会计学（第二版）》。六年来，我国财税法律法规已发生较大变化，因此我们再次对《初级会计学（第二版）》进行修订。与第二版相比，本书的内容安排具有以下特点：

1. 在内容、案例、实务练习的安排上，紧紧围绕会计基本理论和基本方法，力求简明、实用，突出教材的基础性。

2. 安排了大量的教学案例和实务练习，这些案例和练习是现实经济业务中经常发生的，所涉及的会计证、账、表的形式也与实务中的相一致，突出教材的实用性。

3. 结合初学者需要，我们在每章都编写了内容丰富的自测题，并附客观题参考答案，便于读者自学、自测、自查，增强了教材的可用性。

4. 本次修订增加第八章“借贷记账法综合实训”，删除原第十章，原第八、第九章改为第九、第十章。新第八章主要由借贷记账法实例操作和综合实训安排两部分构成，既能为财务会计初学者的综合实训提供借鉴，又能使学生通过自我实练提高其对财务会计的认知能力，突出了教材的实践性。

本书注重理论联系实际，具有体系科学、内容充实、结构严谨、重点突出、案例典型、深浅适中等特点，有较强的可读性。本书可作为普通高校、职业教育、成人教育等各类本科、专科会计教学用教材，也可作为会计人员考试和工作参考用书。

本书由田培源、李宝珍共同编著完成。

在本书编写过程中，我们借鉴、吸收了国内外会计理论研究、实务操作和教学研究的优秀成果，在此，谨向相关作者表示衷心的感谢。

我们细心著书，但疏漏之处在所难免，诚望广大读者、师生及学界同仁批评指正。

作　者

2019 年 8 月于北京

CONTENTS 目 录

CHAPTER

1 第一章 总　论

第一节　会计的含义、职能与目标

一、会计的含义

会计是以货币为主要计量单位，对一定会计主体的经济活动进行全面、综合、连续、系统的核算与监督，以提供经济信息和反映受托责任履行情况为主要目的的经济管理活动。

会计作为一种经济管理活动，是适应社会生产的发展和管理需要而不断发展和完善的。会计从简单记数开始，发展演变为今天具有较完备的科学理论、方法和实践规范的现代会计，经历了漫长的历史过程。

早在原始社会，出于记事的需要，便产生了最初的会计行为。在我国，最初的会计行为表现为“简单刻记”、“结绳记事”和“书契”。氏族社会时的山顶洞人已经能够在他们制作的鹿角棒上刻弯曲和平行的纹道，这种简单的刻记可能就是当时记录和计量的标志。母系氏族社会末期的炎帝时代，“神农耕而作陶”说明了交换的产生。这时，人们不仅需要考虑以己所有换己所无，还要考虑是否合算，因此进一步记录、计量的方法——“结绳记事”应运而生，事小小结其绳，事大大结其绳。在原始社会向奴隶社会过渡的时期，由于私有制的出现，两大社会分工完成，交换变得复杂了，简单的记录计量不再适应，“书契”遂随之产生。书契，即按一定的规则将文字用刀刻在龟甲、兽骨、竹木之上。但是，原始人使用的生产工具非常简陋，生产力水平极为低下，只有全体氏族成员共同参加体力劳动，才能维持最低限度的生活需要。在这样的历史条件下，无疑不会形成脑力劳动和体力劳动的严格分工，这时的一些会计行为仅仅是生产职能的附带部分。

在奴隶社会和封建社会，为了适应管理奴隶主、封建主和商人管理财产的需要，会计发展成为一种独立的、专门的职业，这一时期的会计，史称古代会计。这一时期，由于生产力水平有了很大提高，出现了大量的剩余产品，私有制和国家也相继产生，为了保护和不断地扩大私有财产，需要有专门的人从事国家的财政管理和生产监督。这样，国家便有了会计机构，民间也出现了专门的会计职业。这一时期，无论中国和外国，占据会计舞台核心的都是“官厅会计”。官厅会计发展到封建社会已经是一种比较完备的会计制度，有专门的会计组织，如中国的宋代专门设有“会计司”；也有一套严格、定型的财计制度、记账制度、审计制度、出纳制度、会计报告制度等；还有专门的会计方法，主要是单式记账法；甚至还有系统的会计理论，如中国唐朝的《国计簿》、宋朝的《会计录》。

15 世纪以后，西方资本主义开始萌芽，资本主义性质的商品经济蓬勃发展，为适应发达的商品经济的管理需要，会计发展到近代会计阶段。近代会计的核心是复式记账法，产生于15 世纪的意大利。当时的意大利商业繁荣，贸易发展迅速，随之而来的信用交易、经营方式上的合伙形态和代理制度相继产生，货币制度日趋稳定，这些条件是复式记账法产生的客观基础。18 世纪末，英国开始了产业革命，出现了公司组织，这使企业的所有权与经营权相分离，客观上要求会计不仅能够记账、算账，而且要向当事人报账，要审查账目、查错防弊。所以，到 19 世纪末 20 世纪初，英国在意大利簿记的基础上发展了会计报表，在实务上和理论上完成了由凭证到账簿再到报表的“会计循环”，并且有了“注册会计师”，产生了查账和公证业务，丰富了近代会计的内容。

20 世纪二三十年代以后，世界经济、科学技术、管理理论和会计理论的中心转移到了美国。由于商品经济充分发展，企业规模扩大，市场竞争更加激烈，所有权与经营权普遍分离。为了适应这种管理需要，美国人开拓了“管理会计”，使会计发展为满足所有者、债权人等外部需要的财务会计和服务于内部管理需要的管理会计两大分支。财务会计的产生标志着会计从此进入现代会计阶段。

由上述会计产生发展的过程，我们可以进一步理解会计的含义，理解会计是一种管理活动的本质。无论是原始的记数、计量工作，还是现代会计的种种功能，无疑都是一种经济管理形式，而且随着经济的发展，这种管理活动在社会经济活动中的作用日益重要。所以，经济的发展离不开会计，经济越发展，会计越重要。

二、会计的基本职能

会计的职能是指会计在经济管理中所具有的功能，它说明会计能干什么。马克思曾经指出：会计是对生产“过程的控制和观念的总结”。这是对会计职能的科学概括。“控制”一般理解为监督，“观念的总结”一般理解为核算（或反映），也就是说，会计对任何社会的生产过程都具有核算和监督的功能。随着生产过程日趋复杂，会计职能的具体内容也在不断地发展。

（一）会计核算职能

会计的核算职能，是指会计通过确认、计量、记录和报告工作，从数量上反映各单位的经济活动，为有关各方提供经济信息的功能。会计的这一职能是会计的首要职能，也是全部会计管理工作的基础。

会计确认，是指确定经济业务事项是否作为资产、负债等会计要素加以记录和列入报表的过程。确认一个项目应符合四个基本标准：一是符合定义；二是能可靠计量；三是相关性；四是可靠性。满足上述四个条件后，还要进一步考虑成本效益原则和重要性原则，即考虑确认该项目所花费的成本是否低于其信息所带来的效益，这些信息是否对使用者更为重要等因素。

会计计量，是指用货币或其他量度单位计算各项经济业务事项和结果的过程。对于会计要素的计量，目前有许多种计量属性可以选择，包括历史成本、现行成本、公允价值、可变现净值等，各单位可以根据会计准则的要求和实际情况，选择一种最恰当的计量属性。

会计记录，是指用专门的会计方法在会计凭证、会计账簿、财务会计报告中登记经济业务事项的过程。

会计报告即财务报告，是以货币为主要计量单位对企业的财务状况、经营成果、现金流量和所有者权益变动等财务会计信息按期对外反映的一种书面文件。财务报告包括财务报表和其他应当在财务报告中披露的相关信息和资料。

会计确认主要解决某经济业务事项是什么，是否应当在会计上反映的问题；会计计量主要解决某经济业务事项在会计上反映多少的问题；会计记录和会计报告主要解决某经济业务事项在会计上如何登记和报告的问题。

会计核算的职能具有以下特点：

(1) 会计要从价值量上综合反映各单位经济活动的情况。经济活动复杂多样，有借款、购销、投资等，这些活动本身有的是单纯的价值运动，有的一方面价值在运动，另一方面实物也在运动。比如，物资采购，一方面表现为货款的结算，另一方面也表现为有多少重量或多少长度单位的物资的购进。用什么量度反映，是货币量度还是实物量度？在商品经济的条件下，货币是价值的表现形式，而价值具有同质性，可以比较，无论是产品的生产、交换还是分配，都能用货币来计量，用货币计量最具综合性。因此，为了综合反映各单位的经济活动情况，会计主要以货币作为计量标准，以实物量度作为辅助计量标准。

(2) 会计核算具有完整性、连续性和系统性。会计核算职能的这个特点是会计资料真实、准确的保证。会计核算的完整性是指对所有能引起资金增减变化的经济活动都要进行核算，不能遗漏。会计核算的连续性是指会计的记录、计量和报告要连续进行，不能中断，只要经营是持续进行的，会计的核算就必须连续进行。会计核算的系统性是指采用科学方法对经济活动的会计信息进行加工处理，保证所提供的会计资料成为一个有序的整体，从而能够揭示客观经济活动的规律性。

(3) 会计核算是对经济活动全过程的核算。在市场经济高度发展、竞争日趋激烈的今天，经济活动的全过程不仅包括事中，而且包括事前和事后。经济管理工作要加强事前预测和事后分析，因此，会计在主要反映事中和事后状况的同时，也要加强事前的预测和预算，以便为经营管理提供更多的信息。

（二）会计监督职能

会计的监督职能，是指会计按照一定的目的和要求，通过预测、决策、控制、检查、分析和考评等方法，促使经济活动按照规定的要求进行，以达到提高经营管理效率、防止舞弊、控制风险等目的。会计监督是会计的又一项基本职能。

会计监督有两种含义。一种是狭义的会计监督，仅指会计工作的日常监督；一种是广义的会计监督，是从会计管理角度讲的会计监督体系，它包括国家监督、社会监督和单位内部监督。作为会计职能的监督，即会计学中的会计监督，是狭义的会计监督，是会计监督体系的一个重要组成部分。它具有以下特点：

（1）会计监督主要是通过价值指标来进行的。会计监督的主要对象是会计核算提供的会计资料，会计核算资料主要是价值方面的信息，因而对其进行监督所用的衡量标准、数据也主要应用价值指标。

（2）会计监督是贯穿经济活动全过程的，包括事前监督、事中监督和事后监督。事前监督即对经济活动的预测和决策过程。合理的预测和决策可以减少经济活动的盲目性，从根本上杜绝浪费，保护资产的安全和完整，控制风险。事中监督即对正在发生的经济活动进行控制，对已经取得的核算资料进行审查。严格的事中控制和检查可以保证经济活动按照规定的要求进行，及时纠正偏差，减少失误。事后监督即对已经发生的经济活动及其结果进行分析和考评。及时的分析和考评可以肯定成绩，发现问题，提出改进对策。

会计监督的依据是国家颁布的法律、法规、规章及单位内部制定的管理方面的制度。会计核算和会计监督这两种职能是密切联系、相辅相成的。会计核算是会计监督的基础，没有核算职能提供的会计信息，会计监督就失去了依据；会计监督是会计核算的延伸，如果没有监督职能，会计核算所反映的经济信息的质量就得不到保证，也就不能在经济管理中发挥应有的作用。在实际工作中，会计核算和监督往往是结合在一起的。

三、会计的目标

人类的实践活动都有一定的目的，会计工作也不例外。会计工作的目标简称会计目标，它是指在一定的历史条件下，人们对其会计实践活动所期望达到的结果。在会计实践中，会计目标决定了会计工作的具体程序与方法；在会计理论研究中，会计目标往往被作为会计理论的逻辑起点，因此，要研究会计，首先要研究会计目标。

会计的目标应该从两个层面来研究：一是整个会计工作的目标；二是会计核算的目标。

会计工作是一种管理活动，是经济管理的一个组成部分，因而会计工作的整体目标应该服从于经济管理的目标，经济管理的目标是提高经济效益，会计工作也应该以提高经济效益为目标，搞好价值管理。

会计核算的目标也就是财务会计报告的目标，财务会计报告的目标在整个会计系统和企业会计准则体系中具有十分重要的地位，是构建会计要素确认、计量和报告原则并制定各项准则的基本出发点。

我国《企业会计准则——基本准则》第四条规定："财务会计报告的目标是向财务会计报告使用者提供与财务状况、经营成果和现金流量等有关的会计信息，反映企业管理层受托责任履行情况，有助于财务会计报告使用者作出经济决策。"财务报告目标的具体内容应包括以下三个方面：

（1）财务会计报告使用者。财务会计报告使用者主要包括投资者、债权人、政府及其有关部门和社会公众等。财务会计报告的使用者中，投资者位列其首，充分体现了财务会计报告目标既与资本市场适应，又与国际会计准则趋同。财务会计报告首先应当满足投资者对会计信息的需要。投资者包括个人投资者、单位投资者、国家投资者以及这三个层面的潜在投资者，他们是资本市场的主体。债权人包括潜在债权人，主要是贷款人或供应商等。政府有关部门即经济管理部门和经济监管部门，包括国有资产管理部门、财政部门、税务部门、计划统计部门、审计部门和金融机构等。

（2）财务会计报告的内容。对财务报告的内容要求主要有两项：一是报告企业的财务状况、经营成果和现金流量等方面的会计信息，包括如实反映企业拥有或控制的经济资源、对经济资源的要求权以及经济资源及其要求权的变化情况；如实反映企业的各项收入、费用、利得和损失的金额及其变动情况；如实反映企业各项经营活动、投资活动、筹资活动等所形成的现金流入和流出情况等。二是反映企业管理层受托责任履行情况，包括如实反映企业管理层保管、使用资产的情况。

（3）财务会计报告的目的。财务会计报告的目的是帮助财务会计报告使用者作出经济决策。投资者根据财务会计报告所提供的信息，可以对企业的资产质量、盈利能力、运营效率、现金流量等进行正确、合理的评价，以便作出理性的投资决策；债权人根据财务会计报告所提供的信息，可以对企业能否如期支付贷款本金及其利息，能否如期支付购货款等进行评价，以便作出贷款或赊销等决策；政府及其有关部门根据财务报告所提供的信息，可以对整个社会的资源配置情况是否合理、经济秩序是否有序、宏观决策所依据的信息是否真实可靠等作出评价，以便制定或调整税收政策、货币政策等宏观经济政策。

第二节 会计的对象和会计要素

一、会计的对象

会计的对象是指会计核算和会计监督的内容。研究会计的对象，可以帮助我们明确会计的任务，正确使用会计的方法。在我国，需要进行会计核算和会计监督的单位主要有两大类：一类是企业，另一类是行政事业单位。这两类单位所进行的经济活动的具体方式虽然不同，但这些活动的共同的特点是：它们都是以货币形式表现的，都表现为资金运动。会计的对象就是研究各种经济活动中的资金运动。因为工业企业的经济活动最具普遍性，因而本书主要以工业企业为例来说明这种资金运动。

工业企业的经济活动是生产产品的生产经营活动。一般分为三个阶段。第一阶段，是生产的准备阶段。企业要进行生产，必须具备一定数量的货币资金，以便购买生产资料和支付劳动者报酬。在这一阶段，资金运动表现为货币资金的形式。第二阶段，是生产阶段，在这一阶段，劳动者运用生产资料进行生产，资金运动表现为生产资金的形式。第三阶段，是生产产品的售出阶段，在这一阶段，资金运动由商品资金又转化为货币资金，完成一个资金运动的循环。会计对象就是这种不断变化、循环往复的资金运动。

二、会计要素

会计的对象是资金运动，而资金运动涉及的内容非常广泛，因而有必要对其进行分类，才能在核算中根据不同的类别分别进行确认、计量和报告。我国《企业会计准则》将根据交易或者事项的经济特征所确定的会计对象的基本分类称为会计要素。会计要素按照其性质分为资产、负债、所有者权益、收入、费用和利润，其中资产、负债、所有者权益要素侧重反映企业的财务状况，收入、费用和利润要素侧重反映企业的经营成果。会计要素的界定和分类可使财务会计系统更加科学严谨，为投资者等财务报告使用者提供更加有用的信息。

（一）资产

1. 资产及其特征

资产是指企业过去的交易或事项形成的、由企业拥有或者控制的、预期会给企业带来经济利益的资源。它具有以下特征：

（1）资产是由企业拥有或者控制的经济资源。资产作为一项资源，应当由企业拥有或控制，具体是指企业享有某项资源的所有权，或者虽然不享有某项资源的所有权，但该资源能够被企业所控制。

（2）资产预期会给企业带来经济利益。资产预期会给企业带来经济利益，是指资产具有直接或者间接导致现金或者现金等价物流入企业的潜力。这种潜力可以来自企业日常的生产经营活动，也可以是非日常生产经营活动；带来的经济利益可以是现金或者现金等价物，或者是可以转化为现金或者现金等价物的其他资产，或者表现为减少现金或者现金等价物的流出。

（3）资产是由企业过去的交易或者事项形成的。资产应当由企业过去的交易或者事项形成，过去的交易或者事项包括购买、生产、建造行为或者其他交易或事项。即只有过去发生的交易或事项才能产生资产，企业预期在未来发生的交易或者事项不形成资产。例如，购买某项存货的计划或者愿望，由于其购买行为尚未发生，就不符合资产的定义，不能确认为企业的存货；又如，已签订了建造合同，但建造行为尚未发生的工程同样也不能确认为企业的在建工程或者固定资产。

2. 资产的分类

资产可以按照不同的标准进行分类，比较常见的是按照流动性进行分类。资产按照流动性可以分为流动资产和非流动资产。资产满足下列条件之一的，应当归类为流动资产：①预计在一个正常的营业周期中变现、出售或耗用；②主要为交易目的而持有；③预计在资产负债表日起一年内变现；④在资产负债表日起一年内，交换其他资产或清偿负债的能力不受限制的现金或现金等价物。流动资产以外的资产应当归类为非流动资产。通常情况下，流动资产主要包括现金、银行存款、短期投资、应收及预付款项、存货等；非流动资产主要包括长期股权投资、固定资产、无形资产等。

（二）负债

1. 负债及其特征

负债是指企业过去的交易或事项形成的、预期会导致经济利益流出企业的现时义务。它具有以下特征：

（1）负债是企业承担的现时义务。负债必须是企业承担的现时义务，这是负债的一个基本特征。现时义务是指企业在现行条件下已承担的义务。未来发生的交易或事项形成的义务，不属于现时义务，不应当确认为负债。

（2）负债的清偿预期会导致经济利益流出企业。预期会导致经济利益流出企业也是负债的一个本质特征，只有在履行义务时会导致经济利益流出企业的，才符合负债的定义。

（3）负债是由过去的交易或事项形成的。负债应当由企业过去的交易或者事项所形成，过去的交易或者事项包括购买货物、使用劳务、接受银行贷款等。即只有过去的交易或者事项才形成负债，企业对未来发生的承诺、签订的合同等交易或者事项，不形成负债。

2. 负债的分类

负债按照流动性可以分为流动负债和非流动负债。负债满足下列条件之一的，应当归类为流动负债：①预计在一个正常的营业周期中清偿；②主要为交易目的而持有；③在资产负债表日起一年内到期应予以清偿；④企业无权自主地将清偿推迟至资产负债表日后一年以上。流动负债以外的负债应当归类为非流动负债。通常情况下，流动负债主要包括短期借款、应付票据、应付账款、预收账款、应付职工薪酬、应交税费、其他暂收应付款项等；非流动负债包括长期借款、应付债券、长期应付款等。

（三）所有者权益

1. 所有者权益的定义

所有者权益是指资产扣除负债后，由所有者享有的剩余权益。公司的所有者权益又称股东权益。所有者权益是所有者对企业资产的剩余索取权，是企业资产扣除了债权人权益后应由所有者享有的部分，这样定义既可反映所有者投入资本的保值增值情况，又体现了保护债权人权益的理念。

2. 所有者权益的来源构成

所有者权益按其来源主要包括所有者投入的资本、直接计入所有者权益的利得和损失、留存收益等。通常由实收资本（或股本）、资本公积、盈余公积和未分配利润构成。

（四）收入

1. 收入及其特征

收入是指企业在日常活动中所形成的、会导致所有者权益增加的、与所有者投入资本无关的经济利益的总流入。收入具有以下几个方面的特征：

（1）收入是企业在日常活动中形成的。日常活动是指企业为完成其经营目标所从事的经常性活动以及与之相关的活动。如工业企业制造并销售产品、商业企业销售商品等。

（2）收入会导致所有者权益增加。与收入相关的经济利益的流入应当会导致所有者权益增加，不会导致所有者权益增加的经济利益的流入不符合收入的定义，不应确认为收入。例如，企业向银行借入款项，尽管也导致了企业经济利益的流入，但该流入并不导致所有者权益的增加，反而使企业承担了一项现实义务，因此，该项借款不应确认为收入，而应当确认为负债。

（3）收入是与所有者投入资本无关的经济利益的总流入。收入会导致经济利益的流入，从而导致资产的增加。例如，企业销售商品，必须收到现金或者取得了收取现金的权利，才表明该交易符合收入的定义。与收入相关的经济利益的流入应当将所有者投入的资本排除在外。

2. 收入的分类

收入按照来源可以分为三类：一是销售商品取得收入；二是提供劳务取得收入；三是让渡资产使用权所取得收入，让渡资产使用权主要表现为对外贷款、对外投资或者对外出租等。

按照日常活动在企业中所处的地位，收入可分为主营业务收入和其他业务收入。

（五）费用

1. 费用及其特征

费用是指企业在日常活动中发生的、会导致所有者权益减少的、与向所有者分配利润无关的经济利益的总流出。它具有以下特征：

（1）费用是企业在日常活动中发生的。费用必须是企业在日常活动中发生的，这些日常活动的界定与收入中涉及的日常活动相一致。日常活动中发生的费用通常包括销售成本（营业成本）、职工薪酬、折旧费、无形资产摊销费用等。

（2）费用是与向所有者分配利润无关的经济利益的总流出。费用应当会导致经济利益的流出，从而导致资产的减少或负债的增加。虽然向所有者分配利润也会导致经济利益的流出，但该经济利益的流出属于所有者权益的抵减项目，因而不应确认为费用，应当将其排除在费用之外。

（3）费用会导致所有者权益减少。与费用相关的经济利益的流出最终会导致所有者权益减少，不会导致所有者权益减少的经济利益的流出不符合费用的定义，不应确认为费用。

2. 费用的分类

按照费用与收入的关系，费用可以分为营业成本和期间费用。营业成本按照其在企业日常活动中所处的地位可以分为主营业务成本和其他业务成本；期间费用包括管理费用、销售费用和财务费用。

（六）利润

1. 利润的定义

利润是指企业在一定会计期间的经营成果。通常情况下，如果企业实现了利润，表明企业的所有者权益将增加，业绩得到了提升；反之，如果企业出现了亏损，表明企业的所有者权益将会减少，业绩下滑。因此利润往往是评价企业管理层业绩的一项重要指标，也是投资者、债权人等作出投资决策、信贷决策等的重要参考指标。

2. 利润的来源构成

利润包括收入减去费用后的净额、直接计入当期利润的利得和损失等。收入减去费用后的净额反映的是企业日常活动的业绩，直接计入当期利润的利得和损失反映的是企业非日常活动的业绩。

三、会计要素之间的关系及会计等式

会计等式，又称会计恒等式，是表明会计要素之间基本关系的等式。

会计的六个要素是一个有机联系的整体，其中，前三个要素的数量可以组成一个会计等式，后三个要素的数量也可以组成一个会计等式，两个会计等式之间是有机联系的。

（一）资产、负债和所有者权益

资产、负债和所有者权益三个要素共同反映了企业在一定时点上的财务状况。企业的财务状况在静态的情况下存在一定的数量关系，分析如下：

一个企业的资产肯定有其来源，来源无外乎两个方面：一方面是债务，另一方面是所有者的权益。负债和所有者权益也可以统称为权益，指对企业全部资产的要求权，它包括债权人权益和所有者权益。债权人权益是以贷款等形式形成的对企业全部资产的要求权，它有权要求按照约定的条件还本付息。所有者权益是以投资等方式形成的对企业净资产的要求权，它有权享受利润分配，参与企业管理。因此一个企业有多少来源也就必然表现为多少资产，在某一时点，可以用下列公式表示二者之间的数量关系：

资产＝负债＋所有者权益

或者：

资产＝权益

（二）收入、费用和利润

收入、费用和利润三个要素反映了企业在一定期间的经营成果。其数量关系如下：

收入－费用＝利润

上述财务状况平衡公式与经营成果平衡公式之间存在有机联系。在会计期间的任何一个时刻，两个公式都可以合为：

资产＝负债＋所有者权益＋(收入－费用)

因为收入减费用的结果是利润，利润可以增加所有者权益及资产，如果是亏损，则可以发生相反方向的影响。

（三）会计等式的恒等性

上述会计要素之间的数量相等的关系是永远存在的，即：无论发生什么业务，业务发生以后无论各要素之间发生怎样的变化，该公式的平衡关系永远不会改变。企业在一定时期内发生的经济业务，按其涉及的会计要素的范围不同可分为两大类：一类是只涉及资产和权益的经济业务，另一类是只涉及收入和费用的经济业务。现举例说明只涉及资产和权益变动的经济业务对会计等式的影响。

【例 1-1】 红河公司 2018 年 12 月 31 日资产、负债、所有者权益如表 1-1 所示。

表 1-1 单位：元

资产	金额	负债及所有者权益	金额
库存现金	5 000	短期借款	1 500 000
银行存款	595 000	应付票据	50 000
应收账款	500 000	应付账款	50 000
原材料	700 000	实收资本	2 000 000
固定资产	2 000 000	盈余公积	200 000
合计	3 800 000	合计	3 800 000

红河公司 2019 年 1 月份发生业务如下：

业务 1：红河公司从供应单位购入材料 5 000 元，货款尚未支付。

这项经济业务一方面使企业的资产项目“原材料”增加了 5 000 元，另一方面使企业的负债项目“应付账款”增加了 5 000 元。业务发生以后，企业的资产总额和权益总额同时等量增加 5 000 元，会计等式的平衡关系没有改变。

业务2：红河公司从投资者处收到投入的资本金100 000元，存入银行。

这项经济业务一方面使企业的资产项目“银行存款”增加了100 000元，另一方面使企业的所有者权益项目“实收资本”增加了100 000元。业务发生以后，企业的资产总额和权益总额同时等量增加，会计等式依然保持平衡关系。

业务3：红河公司开出支票，用银行存款2 000元归还之前欠供应单位的货款。

这项经济业务一方面使企业的资产项目“银行存款”减少了2 000元，另一方面使企业的负债项目“应付账款”减少了2 000元。业务发生以后，企业的资产总额和权益总额同时等量减少，会计等式的平衡关系不受影响。

业务4：在办理相关手续以后，国家向红河公司收回原来的投资100 000元，公司以银行存款支付。

这项经济业务一方面使企业的资产项目“银行存款”减少了100 000元，另一方面使企业的所有者权益项目“实收资本”减少了100 000元。业务发生以后，企业的资产总额和权益总额同时等量减少，也不会影响会计等式的平衡关系。

业务5：红河公司从银行存款中提取现金800元。

这项经济业务一方面使企业的资产项目“库存现金”增加了800元，另一方面使企业的另一资产项目“银行存款”减少了800元。业务发生以后，企业的资产内部等量增减，资产总额和权益总额都没有变动，更不会影响会计等式的平衡关系。

业务6：红河公司开出应付商业票据1 000元，用以偿还供应单位的货款。

这项经济业务一方面使企业的负债项目“应付账款”减少了1 000元，另一方面使企业的另一负债项目“应付票据”增加了1 000元。业务发生以后，企业的权益总额内部等量增减，资产总额和权益总额都没有变动，依然不会影响会计等式的平衡关系。

业务7：按照法定的程序，红河公司将盈余公积的一部分20 000元转增资本。

这项经济业务一方面使企业的所有者权益项目“实收资本”增加了

20 000 元，另一方面使企业的另一所有者权益项目“盈余公积”减少了 20 000 元。业务发生以后，企业的权益总额内部等量增减，企业的资产总额和权益总额都没有变动，不会影响会计等式的平衡关系。

业务 8：锦华工厂将红河公司应付该厂的票据款 20 000 元转作与红河公司联营的投资。

这项经济业务一方面使企业的所有者权益项目“实收资本”增加了 20 000 元，另一方面使企业的负债项目“应付票据”减少了 20 000 元。业务发生以后，企业的权益总额内部等量增减，企业的资产总额和权益总额都没有变动，不会影响会计等式的平衡关系。

业务 9：锦华工厂经过与红河公司协商并办理了规定的手续以后，转出联营资金 5 000 元，红河公司应付的款项尚未付出。

这项经济业务一方面使企业的负债项目“应付账款”增加了 5 000 元，另一方面使企业的所有者权益项目“实收资本”减少了 5 000 元。业务发生以后，企业的权益总额内部等量增减，企业的资产总额和权益总额都没有变动，不会影响会计等式的平衡关系。

上述九项业务的发生虽然使资产、负债、所有者权益三个要素都发生了数量上的变化，但会计恒等式的平衡关系并没有改变，可通过表 1-2 看出。

表 1-2 单位：元

资产	期初数	增减变动	期末数	负债及所有者权益	期初数	增减变动	期末数
库存现金	5 000	⑤+800	5 800	短期借款	1 500 000		1 500 000
银行存款	595 000	②+100 000		应付票据	50 000	⑥+1 000	
		③−2 000				⑧−20 000	31 000
		④−100 000		应付账款	50 000	①+5 000	
		⑤−800	592 200			③−2 000	
						⑥−1 000	
应收账款	500 000		500 000			⑨+5 000	57 000
原材料	700 000	①+5 000	705 000	实收资本	2 000 000	②+100 000	
固定资产	2 000 000		2 000 000			④−100 000	
						⑦+20 000	
						⑧+20 000	
						⑨−5 000	2 035 000
				盈余公积	200 000	⑦−20 000	180 000
合计	3 800 000	3 000	3 803 000	合计	3 800 000	3 000	3 803 000

表 1-2 说明，企业发生的只涉及资产和权益的各种业务，虽然会引起会计等式两端有关会计要素数量的增减变化，却不会破坏会计等式的平衡关系，资产期初余额等于负债、所有者权益期初余额合计，都是 380 000 元；各种经济业务发生以后，资产期末余额是 3 803 000 元，负债、所有者权益期末余额也是 3 803 000 元，依然相等。

通过上例还可以发现，经济业务发生引起会计恒等式中会计要素的增减变化不外乎有四种类型、九种情况：

第一种类型：一项资产增加，一项负债增加，如业务 1；一项资产增加，一项所有者权益增加，如业务 2。这种类型是会计恒等式左右两方等量增加，平衡关系不变。

第二种类型：一项资产减少，一项负债减少，如业务 3；一项资产减少，一项所有者权益减少，如业务 4。这种类型是会计恒等式左右两方等量减少，平衡关系不变。

第三种类型：资产内部一个项目增加，另一个项目减少，如业务 5。这种类型是会计恒等式左右两方总额均未变化，平衡关系更不会改变。

第四种类型：权益内部一个项目增加，另一个项目减少，如业务 6、7、8、9。这种类型也是会计恒等式左右两方均未变化，平衡关系自然不会改变。

学习中，充分地理解会计恒等式是很重要的。因为会计恒等式是一种客观存在的数量关系，它是会计复式记账、会计核算、会计报表等的理论基础。正是在会计恒等式的基础上才能运用复式记账法记录资金运动的来龙去脉，反映会计主体的资产、负债及所有者权益情况，才能通过编制资产负债表提供反映企业财务状况的信息。

四、会计要素计量属性及其应用原则

（一）会计要素计量属性

会计计量，是为了将符合确认条件的会计要素登记入账并列报于财务报表而确定其金额的过程。企业应当按照规定的计量属性进行计量，确定相关金额。计量属性是指所予计量的某一要素的特性，如绳子的长度、矿石的重量、楼房的面积等。从会计角度看，计量属性反映的是会计要素金额的确定基础。根据会计基本准则的规定，会计计量属性主要有历史成本、重置成本、可变现净值、现值和公允价值等。

1. 历史成本

历史成本，又称实际成本，就是取得和制造某项财产物资时所实际支付的现金或其他等价物。在历史成本计量下，资产按照购置时支付的现金或者现金等价物的金额，或者按照购置资产时所付出的对价的公允价值计量；负债按照其因承担现时义务而实际收到的款项或者资产的金额，或者承担现时义务的合同金额，或者按照日常活动中为偿还负债预期需要支付的现金或现金等价物的金额计量。

2. 重置成本

重置成本，又称现行成本，是指按照当前市场条件，重新取得同样一项资产所需支付的现金或现金等价物金额。在重置成本计量下，资产按照现在购买相同或者相似资产所需支付的现金或者现金等价物的金额计量；负债按照现在偿付该项债务所需支付的现金或者现金等价物的金额计量。

3. 可变现净值

可变现净值，是指在正常生产经营过程中，以预计售价减去进一步加工成本和预计销售费用以及相关税费后的净值。在可变现净值计量下，资产按照其正常对外销售所能收到现金或者现金等价物的金额扣减该资产至完工时估计将要发生的成本、估计的销售费用以及相关税金后的金额计量。

4. 现值

现值，是指对未来现金流量以恰当的折现率进行折现后的净值。在现值计量下，资产按照预计从其持续使用和最终处置中所产生的未来净现金流入量的折现金额计量；负债按照预计期限内需要偿还的未来净现金流出量的折现金额计量。

5. 公允价值

公允价值，是指在公平交易中，熟悉情况的双方自愿进行资产交换或者债务清偿的金额。在公允价值计量下，资产和负债按照在公平交易中，熟悉情况的交易双方自愿进行资产交换或者债务清偿的金额计量。

（二）计量属性的应用原则

会计计量属性尽管包括历史成本、重置成本、可变现净值、现值和公允价值等，但是，企业在对会计要素进行计量时，应当严格按照规定选择相应的计量属性。会计基本准则规定，企业在对会计要素进行计量时，一般情况下，应当采用历史成本。采用重置成本、可变现净值、现值、公允价值计量的，应当保证所确定的会计要素金额能够取得并可靠计量。

在某些情况下，如果仅仅以历史成本作为计量属性，可能难以达到会计信息质量的要求，不利于实现财务报告目标，为了保证会计信息的有用性，有必要采用其他计量属性进行会计计量，以弥补历史成本计量属性的缺陷。鉴于应用其他计量属性往往需要依赖于估计，所以企业会计准则要求企业应当保证根据其他计量属性确定的会计要素金额能够取得并可靠计量。如果这些金额无法取得或者可靠计量，则不允许采用其他计量属性。

第三节　会计的基本假设与会计基础

一、会计的基本假设

会计的基本假设是企业会计确认、计量和报告的前提，是对会计核算所处时间、空间环境等所作的合理设定。

会计核算所处的社会环境极为复杂且变化不定，在这种情况下，会计人员有必要对所处的环境作出判断，确定一些假设条件。只有作出了这些假设，会计核算才能得以正常进行。会计核算的假设条件，是人们在长期的会计实践中认识和总结形成的。会计的基本假设包括会计主体、持续经营、会计分期和货币计量。

（一）会计主体

会计主体，是指企业会计确认、计量和报告的空间范围，是会计工作为其服务的特定单位或组织。

会计核算的对象是企业的生产经营活动。一个企业的生产经营活动总是与其他单位的生产经营活动相联系，因此，会计核算首先就需要确定核算的范围，明确哪些经济活动应当予以确认、计量和报告，哪些经济活动不包括在核算的范围内。在会计主体假设下，企业应当对其本身发生的交易或者事项进行会计确认、计量和报告，反映企业本身所从事的各项生产经营活动。明确界定会计主体是开展会计确认、计量和报告工作的重要前提。

首先，明确会计主体，才能划定会计所要处理的各项交易和事项的范围。在会计工作中，要求会计核算区分自身的经济活动与其他单位的经济活动，只有那些影响企业本身经济利益的各项交易或事项才能加以确认、计量和报告，那些不影响企业本身经济利益的各项交易或事项则不能加以确认、计量和报告。

其次，明确会计主体，才能区分企业的经济活动与企业投资者的经济活动。企业核算的只是企业自身的经济活动，而不涉及投资者的经济活动。这样才能正确反映会计主体的资产、负债和所有者权益情况，才能准确衡量会计主体的收入、费用和经营成果，才能提供信息使用者所需要的会计信息。

会计主体与法律主体不是同一个概念。一般说来，作为一个法律主体，其经济上是独立的，需要进行独立核算，因而必然是会计主体。但会计主体不一定是法律主体。任何企业，无论是独资、合伙还是合资，都是一个会计主体，甚至一个较大规模的法人企业的分支机构，也可以作为一个会计主体；在控股经营的情况下，母公司与子公司组成的企业集团是多个法律主体，但在编制合并报表的情况下，也可以作为一个会计主体。又如，由企业管理的证券投资基金、企业年金基金等，尽管不属于法律主体，但属于会计主体，应当对每项基金进行会计确认、计量和报告。因此，会计主体可以是法人，也可以是非法人；可以是一个企业，也可以是企业内部的一个部门或分支机构；可以是单一企业，也可以由是几个企业组成的企业集团。

（二）持续经营

持续经营，是指某一企业在可以预见的将来，将会按照当前的规模和状态继续经营下去，不会停业，也不会大规模削减业务。在持续经营假设下，会计确认、计量和报告应当以企业持续、正常的生产经营活动为前提，这是对企业会计核算时间范围的界定。

任何一个企业都可能有两种前途，一种是持续经营，另一种是破产、倒闭。两种情况下所用的核算方法不同，企业必须选择一种作为前提。因为绝大多数企业是能够持续经营的，所以，一般会计主体都以持续经营为前提。企业会计准则体系是以企业持续经营为前提制定和规范的，涵盖了从企业成立到清算（包括破产）的整个期间的交易或事项的会计处理。

企业是否以持续经营为前提，在会计原则和会计方法的选择上有很大差别。假定企业能够持续经营，会计核算才能运用历史成本原则对资产进行计价，才能按照正常的情况使用它所拥有的各种经济资源，才能按照偿还条件偿还企业的负债，才可以在机器设备的使用年限内，按照其价值和使用情况进行折旧核算，等等。如果持续经营前提不存在了，上述一系列的会计原则和会计方法将会失去存在的基础，也就不能采用通常的方式提供会计信息了。

（三）会计分期

会计分期，是指将企业持续不断的生产经营活动划分为一个个连续的、长短相同的期间。会计分期的目的，在于通过会计期间的划分将持续进行的生产经营活动划分成连续、相等的期间，据以结算盈亏，按期编报财务报告，从而及时向财务报告使用者提供有关企业财务状况、经营成果和现金流量等方面的会计信息。

会计分期假设是以持续经营假设为前提条件的。只有假定企业是持续经营的，才有可能和有必要将连续不断的经营过程分成一个一个的会计期间。根据持续经营的假设，一个企业将会按照当前的规模和状态继续经营下去。但是，无论是企业的生产经营决策还是投资者、债权人等的决策都需要及时的信息，都需要将企业持续的生产经营活动划分为一个个连续的、长短相同的期间，分期确认、计量和报告企业的财务状况、经营成果和现金流量。会计分期假设也是对企业会计核算时间上的界定。明确会计分期假设是必要的，正是由于会计分期，才产生了当期与以前期间、以后期间的差别，才使不同类型的会计主体有了记账的基准，进而出现了折旧、摊销、预收、预付、应收、应付等会计处理方法。

（四）货币计量

货币计量，是指会计主体在财务会计确认、计量和报告时以货币计量，反映会计主体的生产经营活动。

企业的生产经营活动多数表现为实物运动，如厂房、机器设备和其他财物的增减等，这些实物的计量单位千差万别，有重量、长度等，无法在量上进行比较，不便于管理和会计计量、计算。为全面、综合反映企业生产经营活动的各种业务和事项，会计核算需要有一种统一的计量单位作为各种实物的计价量度。在商品经济条件下，货币作为商品的一般等价物，是衡量一般商品价值的共同尺度，因此，基本准则规定，会计确认、计量和报告选择货币作为计量单位。

在有些情况下，统一采用货币计量也有缺陷，某些影响企业财务状况和经营成果的因素，如企业经营战略、研发能力、市场竞争力等，往往难以用货币衡量，这些信息对于使用者进行决策也很重要，企业可以在财务报告中补充披露有关非财务信息来弥补上述缺陷。

二、会计基础

会计基础，是指会计确认、计量和报告的基础，具体包括权责发生制和收付实现制。

企业会计的确认、计量和报告应当以权责发生制为基础。权责发生制，是指收入和费用的确认应当以收入和费用的实际发生和影响作为确认和计量的标准。权责发生制基础要求，凡是当期已经实现的收入和已经发生或应负担的费用，不论款项是否收付，都应当作为当期的收入和费用，计入利润表；凡是不属于当期的收入和费用，即使款项已经在当期收付，也不应当作为当期的收入和费用。

在会计实务中，企业交易或者事项的发生时间与相关货币的收支时间有时并不完全一致。例如，款项已收到，但销售并未实现；或者款项已经支付，但并不是为本期生产经营活动而发生的。为了更加真实、公允地反映特定会计期间的财务状况和经营成果，基本准则规定，企业在确认、计量和报告中应当以权责发生制为基础。

收付实现制是与权责发生制相对应的一种会计基础，它是以收到或支付现金作为确认收入和费用的依据。目前，我国的行政单位会计采用收付实现制，事业单位会计除经营业务可以采用权责发生制外，其他大部分业务采用收付实现制。

第四节　会计信息质量要求

会计信息质量要求是对企业财务报告所提供会计信息质量的基本要求，是使财务报告中所提供的会计信息对投资者等使用者决策有用应具备的基本特征。会计信息质量要求的内容主要包括可靠性、相关性、可理解性、可比性、实质重于形式、重要性、谨慎性和及时性等。其中，可靠性、相关性、可理解性、可比性是会计信息的首要质量要求，是财务报告中所提供的会计信息应具备的基本质量特征；实质重于形式、重要性、谨慎性和及时性是会计信息的次级质量要求，是对首要质量要求的补充和完善，尤其是对某些特殊交易或者事项进行处理时，需要根据这些质量要求来把握其会计处理原则。

一、可靠性

可靠性要求企业应当以实际发生的交易或者事项为依据进行会计确认、计量和报告，如实反映符合确认和计量要求的各项会计要素及其他相关会计信息，保证会计信息真实可靠、内容完整。

可靠性是对会计信息最重要的一个质量要求。会计信息是投资者、债权人、政府有关部门及企业内部经营管理进行决策的依据，如果会计数据不能真实、客观地反映企业经济活动的实际情况，会计工作就失去了存在的意义，甚至会误导会计信息使用者，导致决策失误。为了贯彻可靠性要求，企业应当做到：

（1）以实际发生的交易或者事项为依据进行确认和计量，将符合会计要素定义及其确认条件的资产、负债、所有者权益、收入、费用和利润等如实反映在财务报表中，不得根据虚构的、没有发生的或者尚未发生的交易或者事项进行确认、计量和报告。

（2）在符合重要性和成本效益原则的前提下，保证会计信息的完整性，其中包括应当编报的报表及其附注的内容等应当保持完整，不能随意遗漏或者减少应予披露的信息，与使用者决策相关的信息都应当充分披露。

二、相关性

相关性要求企业提供的会计信息应当与投资者等财务报告使用者的经济决策需要相关，有助于财务报告使用者对企业过去、现在或者未来的情况作出评价或者预测。

会计信息是否有用，是否具有价值，关键是看其与使用者的决策需要是否相关，是否有助于决策或者提高决策水平。相关会计信息应当能够有助于使用者评价企业过去的决策，证实或者修正过去的有关预测，因而具有反馈价值。相关的会计信息还应当具有预测价值，有助于使用者根据财务报告所提供的会计信息预测企业未来的财务状况、经营成果和现金流量。

会计信息质量的相关性要求，需要企业在确认、计量和报告会计信息的过程中，充分考虑使用者的决策模式和信息需要。相关性以可靠性为基础，两者之间并不矛盾，不应将两者对立起来。

三、可理解性

可理解性要求企业提供的会计信息应当清晰明了，便于投资者等财务报告使用者理解和使用。

提供会计信息的目的在于信息的使用，要使用会计信息，就必须使会计信息使用者能理解会计信息的内涵，弄懂会计信息的内容。如果所提供的会计信息含糊不清或发生错误，将会影响到信息使用者的理解和使用。

可理解性要求会计记录应当准确、清晰，填制会计凭证、登记会计账簿必须做到依据合法、账户对应关系清楚、文字摘要完整；在编制会计报表时，项目勾稽关系清楚，项目完整，数字准确。

四、可比性

可比性要求企业提供的会计信息应当相互可比。这主要包括两层含义：

（1）同一企业不同时期可比。为了便于投资者等财务报告使用者了解企业的财务状况、经营成果和现金流量的变化趋势，比较企业在不同时期的财务报告信息，全面、客观地评价过去、预测未来，从而作出决策，会计信息质量的可比性要求同一企业不同时期发生的相同或相似的交易或事项，应采用一致的会计政策，不得随意变更。但是，满足会计信息可比性要求，并非表明企业不得变更会计政策，如果按照规定或者在会计政策变更后可以提供更可靠、更相关的会计信息，则可以变更会计政策。有关会计政策变更的情况，应当在附注中予以说明。

企业发生的交易或事项具有复杂性和多样化，对于某些交易或事项可以有多种会计核算方法。如存货的领用可以采用几种方法，固定资产的折旧也有几种方法。如果企业在不同期间采用不同的方法，将不利于会计信息使用者对信息的理解。因此，在会计核算中坚持不同时期可比的会计政策，除了有利于提高会计信息的使用价值以外，还可以制约和防止会计主体通过随意变更会计处理方法，在会计核算上弄虚作假，粉饰会计报表。

(2) 不同企业相同会计期间可比。为了便于投资者等财务报告使用者评价不同企业的财务状况、经营成果和现金流量及其变动情况，会计信息质量的可比性要求不同企业同一会计期间发生的相同或相似的交易或事项，应当采用规定的会计政策，确保会计信息口径一致，相互可比，以使不同企业按照一致的确认、计量和报告要求提供有关会计信息。

不同的企业可能处于不同行业、不同地区，经济业务发生于不同时点，为了保证会计信息能够满足决策的需要，便于比较不同企业的财务状况、经营成果和现金流量，只要是相同的交易或事项，就应当采用相同的会计处理方法。强调可比性的实质在于，通过不同企业之间的比较分析确定先进与落后、经营成绩的优与劣，从而发现问题，寻找原因，提出改进措施。

五、实质重于形式

实质重于形式要求企业应当按照交易或事项的经济实质进行会计确认、计量和报告，而不应仅仅以交易和事项的法律形式为依据。

企业发生的交易或事项在多数情况下其经济实质和法律形式是一致的，但在有些情况下也会出现不一致。在这种情况下，如果仅仅根据其形式反映，其结果不仅不利于会计信息使用者决策，反而会误导会计信息使用者的决策。例如，企业采用融资租赁方式租入的固定资产，从法律形式上看，企业不拥有该项固定资产的所有权，但是，由于在租赁期里承租企业实质上获得了该资产所提供的主要经济利益，同时承担了与资产有关的风险。因此承租企业应将融资租入资产作为一项固定资产计价入账，同时确认相应的负债，并且要计提固定资产折旧，这样处理体现了实质重于形式的要求。

六、重要性

重要性要求企业提供的会计信息应当反映与企业财务状况、经营成果和现金流量等有关的所有重要交易或事项。

如果财务报告中提供的会计信息的省略或者错报会影响投资者等财务报告使用者据此做出决策，该信息就具有重要性。重要性的应用需要依赖职业判断，企业应当根据其所处的环境和实际情况，从项目的性质和金额的大小两方面加以判断。凡是对会计信息使用者的决策有较大影响的交易或事项，应作为会计确认、计量和报告的重点；对不重要的经济业务，则可以采用简化的处理程序和方法，也不必在会计报表上详细列示。

重要性的要求与会计信息成本与效益直接相关。如果对一切会计业务的处理一律不分轻重主次，采取完全相同的处理方法，必将耗费过多的人力、物力和财力，使会计信息的成本大于收益。在会计核算中坚持重要性原则，能够使会计核算在全面反映企业业务的基础上，保证重点，有助于加强对经济活动和经营决策有重大影响和重要意义的关键性问题的核算，并简化核算，节约人力、物力和财力，提高工作效率。

七、谨慎性

谨慎性要求企业对交易和事项进行会计确认、计量和报告时，应当保持应有的谨慎，不应高估资产或收益、低估负债或费用。

在市场经济环境下，企业的生产经营活动面临着许多风险和不确定性，如应收款项的可收回性、固定资产和无形资产的使用寿命、售出存货可能发生的退货或者返修等。谨慎性要求企业在面临不确定性因素作出职业判断时，应保持应有的谨慎，充分估计到各种风险和损失，既不高估资产或者收益，也不低估负债或者费用。例如，要求企业对可能发生的资产减值损失计提资产减值准备、对期末存货估价采用成本与可变现净值孰低法计价、对售出商品可能发生的保修义务等确认预计负债等做法，都体现了谨慎性的要求。

谨慎性的应用也不允许企业设置秘密准备，如果企业故意低估资产或者收益，故意高估负债或者费用，将不符合会计信息的可靠性和相关性的要求，损害会计信息质量，扭曲企业实际的财务状况和经营成果，从而对信息使用者的决策产生误导，这也是会计准则所不允许的。

八、及时性

及时性要求企业对已经发生的交易或者事项，应当及时进行会计确认、计量和报告，不得提前或延后。

会计信息具有时效性，特别是在市场经济条件下，市场瞬息万变，企业竞争日趋激烈，各方面对会计信息的及时性要求越来越高，如果企业的会计核算不能及时进行，会计信息不能及时提供，就无助于经济决策，会计工作将失去意义。

在会计核算中坚持及时性原则，一是要求及时收集会计信息，即在经济业务发生之后，及时收集整理各种原始单据或者凭证；二是要求及时处理各种信息，即按照会计准则的规定，及时编出财务报告；三是要求及时传递会计信息，即在国家规定的时限内将财务报告及时传递给财务报告使用者，便于其及时使用或者决策。

第五节　会计的方法

会计的方法是指用来反映和监督会计对象、完成会计任务的手段。随着社会经济活动的不断发展，会计业务日趋复杂，反映和监督手段越来越现代化，会计的方法也日益丰富多样。现在，会计的方法至少应该包括五个方面：会计核算方法、会计分析方法、会计检查方法、会计预测方法和会计决策方法。其中，会计核算方法是最主要、最基本的方法，也是会计初学者必须掌握的基础知识。本书仅论及会计核算的方法。会计核算的方法就是对企业的经济活动进行完整、连续、系统的反映和监督的方法，一般包括设置科目和账户、复式记账、填制审核凭证、登记账簿、成本计算、财产清查、编制财务报告等。下面简要说明各种方法的特点及其联系。

一、设置科目和账户

设置科目和账户是对会计对象具体内容进行分类核算的方法。

会计对象的具体内容纷繁复杂，要对其进行系统的反映和监督，就必须首先对它们进行科学的分类，以形成一系列的指标组成体系。会计科目就是分类核算的类目。完整、系统的会计科目就是一整套指标体系。设置会计科目要明确每个科目的含义、核算内容和明细分类的原则，使会计信息系统化。企业除了设置科目进行分类以外，还必须根据规定的会计科目开设账户，明确规定每一账户的结构和用途，分别登记各项经济业务，以便取得各种核算指标，并随时加以分析、检查和监督。

正确、科学地设置科目和账户是会计核算的首要方法，是填制审核凭证、登记账簿、编制财务报告的基础。

二、复式记账

复式记账是对每一项经济业务，都以相等的金额同时在两个或两个以上的相互联系的账户中进行记录的一种方法。

复式记账法能够全面、系统地反映每一项经济业务的来龙去脉和各项业务之间的联系。同时，通过账户的平衡关系，可以检查有关业务的账簿记录是否正确，便于核对凭证填制和账簿登记的正确性。

三、填制和审核凭证

填制和审核凭证，是以会计凭证作为记账的依据，保证会计记录真实、完整、可靠，检查经济活动是否合理、合法的一种专门方法。是会计工作的起点。

会计凭证是记录各项经济业务、明确经济责任的书面证明，是登记账簿的依据。对每一项经济业务填制会计凭证并加以审核，可以保证会计核算的质量，明确经济责任。

四、登记账簿

登记账簿是根据审核无误的会计凭证，在账簿上进行全面、连续、系统记录的方法。

账簿是用来全面、连续、系统地记录经济业务的簿记。登记账簿必须以凭证为依据，同时按规定的会计科目开设账户，将凭证中所反映的经济内容分别计入相关账户，这样就将凭证中分散的会计信息进一步系统化。登记账簿是会计核算的中心环节。按照科学的方法和程序登记账簿，既可以完整、连续、系统地反映经济活动，又可以为编制财务报告提供重要的依据。

五、成本计算

成本计算是按一定的成本计算对象，对生产经营活动中发生的全部生产费用进行归集、计算，并确定各成本对象的总成本和单位成本的一种专门方法。

成本计算是控制生产经营消耗、考核经济效益的一个重要手段。通过成本计算可以掌握成本的构成情况，考核成本计划的完成情况，拟定降低成本的措施，促使企业加强核算，节约支出，提高经济效益。

六、财产清查

财产清查是通过实物盘点和往来款项的核对检查各项财产物资的实有数额，并查明账实是否相符的一种专门方法。

在财产清查中如果发现账实不符，应分析原因，明确责任，调整账簿记录，以使账实完全相符，因此财产清查是保证核算资料正确性的重要手段。通过财产清查，可以查明各种财产物资的利用、保管情况，各种账款的结算和拖欠情况，对于监督财产管理、正确核算损益具有重要意义。

七、编制财务报告

编制财务报告是定期总括地反映企业财务状况、经营成果、现金流量等情况的一种专门方法。

财务报告包括财务报表、财务报表附注和其他应当在财务报告中披露的相关信息和资料。通过编制财务报告，可以将大量的账簿资料整理、汇总和浓缩，以便对外报告，最终满足各种信息使用者的需要。

自测题

一、名词解释

1. 会计　2. 会计确认　3. 会计计量
4. 资产　5. 负债　6. 所有者权益
7. 收入　8. 费用　9. 利润
10. 历史成本　11. 重置成本　12. 可变现净值
13. 现值　14. 公允价值　15. 权责发生制
16. 可靠性　17. 相关性　18. 可比性
19. 实质重于形式　20. 谨慎性

二、思考题

1. 如何理解会计的职能?
2. 如何理解财务会计的目标?
3. 如何理解会计恒等式的意义?
4. 说明会计基本假设各项内容的含义。
5. 说明会计核算的基础及其含义。
6. 说明企业会计信息质量要求的各项内容及其含义。

三、单项选择题

1. 会计的对象是研究各种经济活动中的（　）。
A. 物质运动　B. 资金运动　C. 管理活动　D. 经营活动
2. 下列项目中符合资产定义的是（　）。
A. 购入的某项专利权　B. 经营租入的设备
C. 待处理的财产损失　D. 计划购买的某设备
3. 资产通常按流动性分为（　）。
A. 有形资产与无形资产　B. 货币资产与非货币资产
C. 流动资产与非流动资产　D. 本企业资产与租入的资产
4. 负债是指企业过去的交易或事项形成的、预期会导致经济利益流出企业的（　　）。

A. 过去的义务　　B. 现时义务

C. 将来义务　　D. 义务

5. 下列说法中不符合收入特点的是（　　）。

A. 收入是企业在经营活动中形成的

B. 收入导致所有者权益增加

C. 收入是与所有者投入资本无关的经济利益的总流入

D. 收入是企业在日常活动中形成的

6. 引起资产内部一个项目增加，另一个项目减少，而资产总额不变的经济业务是（　　）。

A. 用银行存款偿还短期借款

B. 收到外单位归还的拖欠货款

C. 收到投资者投入的生产设备一台

D. 宣告发放现金股利

7. 下列经济业务中，影响会计等式总额发生变化的是（　　）。

A. 以银行存款 50 000 元购买材料

B. 购买设备 20 000 元，货款未付

C. 结转完工产品成本 40 000 元

D. 收回客户所欠的货款 30 000 元

8. 下列经济活动中，引起资产和负债同时减少的是（　　）

A. 以银行存款偿付前欠货款　　B. 购买材料货款尚未支付

C. 收回应收账款　　D. 接受其他单位捐赠新设备

9. 下列原则中属于会计信息质量要求的是（　　）。

A. 一致性原则　　B. 收入支出配比原则

C. 权责发生制原则　　D. 历史成本原则

10. 下列各项中作为会计计量中最基本的计量基础的是（　　）。

A. 历史成本　　B. 现值

C. 可变现净值　　D. 公允价值

11. 权责发生制强调的是（　　）。

A. 财务状况的真实性　　B. 会计信息的有用性

C. 提供会计信息的及时性　　D. 经营成果计算的正确性

12. 下列各项中属于谨慎性原则要求的是（ ）。

A. 高估资产

B. 低估负债

C. 企业设置秘密准备

D. 对可能发生的资产减值损失计提减值准备

13. 会计日常工作的起点是（ ）。

A. 登记会计账簿　　B. 填制或取得原始凭证

C. 编制财务会计报表　　D. 成本核算

14. 会计信息应当满足信息使用者的需要所体现的原则是（ ）。

A. 可靠性　　B. 相关性　　C. 重要性　　D. 清晰性

15. 会计核算上将以融资租赁方式租入的资产视为企业的资产所反映的会计信息质量要求的是（ ）。

A. 实质重于形式　　B. 谨慎性

C. 相关性　　D. 及时性

16. 下列事项中，不属于反映“会计信息质量要求”的是（ ）。

A. 可靠性　　B. 可比性

C. 实质重于形式　　D. 历史成本

17. 确立会计核算空间范围所依据的会计基本假设是（ ）。

A. 会计主体　　B. 持续经营

C. 会计分期　　D. 货币计量

18. 下列各项中，属于按权责发生制基础要求进行确认和计量的是（ ）。

A. 资产和负债　　B. 本期实现的收入

C. 所有者权益　　D. 前期发生或应负担的费用

19. 下列各项中，属于企业选择会计处理方法和程序保持稳定的条件的假设是（ ）。

A. 会计主体　　B. 持续经营

C. 会计分期　　D. 货币计量

20. 关于损失，下列说法中正确的是（ ）。

A. 损失是指由企业非日常活动所发生的、会导致所有者权益减少的、与向所有者分配利润无关的经济利益的流出

B. 损失是指由企业日常活动所发生的、会导致所有者权益减少的、

与向所有者分配利润无关的经济利益的流出

C. 损失只能计入所有者权益项目，不能计入当期利润

D. 损失只能计入当期利润，不能计入所有者权益项目

四、多项选择题

1. 下列各项中，属于会计的基本特征的有（　　）。

A. 以货币作为主要计量单位

B. 全面、综合、连续、系统的核算与监督

C. 对企业未来进行预测

D. 向有关各方提供会计信息的一种经济管理活动

2. 下列各项中，属于会计基本职能的有（　　）。

A. 会计核算　　B. 会计预测　　C. 会计监督　　D. 会计决策

3. 资产具有的基本特征包括（　　）。

A. 资产是由过去的交易或事项所引起的

B. 资产必须是投资者投入或向债权人借入的

C. 资产是企业拥有或者控制的

D. 资产预期能给企业带来经济利益

4. 下列内容符合收入定义的有（　　）。

A. 销售商品收入　　B. 出租固定资产收入

C. 罚款收入　　D. 提供运输劳务收入

5. 下列项目中，属于所有者权益项目的有（　　）。

A. 所有者投入的资本

B. 直接计入所有者权益的利得和损失

C. 留存收益

D. 应付职工薪酬

6. 下列经济业务中，会引起会计恒等式两边同时发生增减变动的有（　　）。

A. 购进材料未付款

B. 用银行存款偿还前欠应付货款

C. 向银行借款，存入银行

D. 从银行提取现金

7. 会计信息使用者包括（　　）。

A. 企业投资者　B. 企业债权人
C. 企业管理当局　D. 社会公众
8. 下列说法中，符合负债的特点的有（　）。
A. 是过去的交易、事项所形成的现时义务
B. 是企业拥有或控制的经济资源
C. 是企业未来经济利益的流出
D. 能以货币计量，是可以确定或估计的
9. 下列项目中属于资产的有（　）。
A. 应收账款　B. 预收账款　C. 应付账款　D. 预付账款
10. 下列项目中属于所有者权益的有（　）。
A. 实收资本　B. 资本公积
C. 未分配利润　D. 应付股利
11. 下列项目中符合收入特征的有（　）。
A. 主营业务收入　B. 营业外收入
C. 其他业务收入　D. 租金收入
12. 费用的特征包括（　）。
A. 费用是企业在经营过程中发生的
B. 费用是与向使用者分配利润无关的经济利益的总流出
C. 费用会导致所有者权益减少
D. 费用是企业在日常活动中发生的
13. 下列项目中属于费用的是（　）。
A. 主营业务成本　B. 其他业务成本
C. 管理费用　D. 财务费用
14. 利润的构成要素包括（　）。
A. 收入　B. 费用　C. 利得　D. 损失
15. 所有者权益是企业投资者对企业净资产的所有权，在数量上不能等于（　）。
A. 全部资产减去流动负债　B. 企业的新增利润
C. 全部资产减去全部负债　D. 所有者投入的全部资本
16. 下列各项中，属于会计基本假设的有（　）。
A. 会计主体　B. 持续经营

C. 会计分期 D. 权责发生制

17. 按照权责发生制原则，下列做法中正确的有（ ）。

A. 款项已收到，但销售并未实现，作为本期的收入入账

B. 款项已支付，但不属于本期费用，作为本期的费用入账

C. 款项已收到，销售已实现，作为本期的收入入账

D. 款项已支付，属于本期费用，作为本期的费用入账

18. 按照权责发生制原则，下列各项中，构成本期的收入和费用的有（ ）。

A. 以银行存款支付本期电费 B. 收回前期销货款

C. 本期提供劳务的款项尚未收回 D. 以银行存款支付下期保险费

19. 可靠性要求（ ）。

A. 企业应当以实际发生的交易或事项为依据进行会计核算

B. 如实反映符合确认和计量要求的各项会计要素

C. 保证会计信息真实可靠、内容完整

D. 企业提供的会计信息应当具有可比性

20. 下列各项中，属于会计核算方法的有（ ）。

A. 设置账户 B. 会计分析

C. 财产清查 D. 编制财务会计报表

五、判断题

1. 某项财产物资要确认为企业的资产，其所有权必须属于企业。（ ）

2. 会计主体和法律主体是统一的，因此，会计主体只能是独立的法人，而不能是非法人。（ ）

3. 对于任何一项经济业务只能依据其法律形式进行会计核算。（ ）

4. 对于会计主体来说，某一会计期间的收入伴随着相等的现金流入。（ ）

5. 按谨慎性原则的要求，企业会计核算要合理估计可能发生的损失及预计可能发生的收益。（ ）

6. 可比性原则要求企业会计方法一经选定就不能改变。（ ）

7. 某一会计事项是否具有重要性，在很大程度上取决于会计人员的职业判断。对同一会计事项，在某一企业具有重要性，在另一企业则不一定具有重要性。（ ）

8. 会计核算以历史成本作为计价原则，但在某些特殊情况下，也可以采用其他的计价方法。（ ）

9. 持续经营是会计核算的基本前提之一，如果没有这个前提，一些公认的会计处理方法都将缺乏存在的基础。（ ）

10. 可比性原则中，同一企业不同时期可比与不同企业相同会计期间可比，其目的都在于使会计信息能够相互比较，但二者比较的基础不同。（ ）

CHAPTER

2

第二章 会计科目、账户和复式记账法

第一节　会计科目

一、会计科目的概念及设置会计科目的意义

会计科目是对会计对象的具体内容即会计要素进行分类核算的项目，是进行会计核算和提供会计信息的基础。会计对象的具体内容非常广泛，它们往往具有不同的性质、形态、作用和管理要求。会计要素是对会计对象的基本分类，为了提供详细、具体的经济信息，还需要在基本分类的基础上作进一步的分类。比如，固定资产和现金虽然都是资产，但它们的形态不同，现金是货币形态，固定资产是物资形态；经济用途不同，现金主要是作为交换和流通的手段为生产经营活动准备条件，固定资产则直接用于生产经营活动；管理要求不同，现金由于其流动性最强，最容易被挪用和侵吞，因此必须建立一套完善而严密的现金管理制度，以确保现金的安全与完整，而固定资产由于具有实物形态，因此不仅要对其进行价值管理，还要加强实物上的保管。为了使会计信息使用者了解这些具体而详细的资料，会计核算有必要对会计要素按其性质和经济用途等作进一步的分类，将性质、具体内容相同的归为一类，设立一个科目，凡是具备这些特征的业务都在这个科目下核算。

设置会计科目在会计核算中的意义非常重要。会计科目是设置账户、处理账务的依据，有助于会计核算的合理分工，同时也在很大程度上决定着会计报表的内容和结构。

二、设置会计科目的原则

会计科目作为分类核算的项目，是一种管理的形式，分类的正确与否决定着会计信息的科学性和系统性。因此，设置会计科目应遵循以下几项原则：

（1）会计科目的设置要保持会计核算指标体系的完整和统一。每一个会计科目要规定对会计要素的某一方面进行核算，全部会计科目所组成的会计核算指标体系要能系统、全面地反映财务会计要素及整个财务会计的对象，不能有所遗漏。

（2）会计科目的设置要密切配合和满足会计报表的要求，从而满足决策与管理的需要。会计核算的目标是要满足财务会计报告使用者的决策需要。因此，会计科目的设置基本上是与会计报表的项目相吻合的。财务会计报告的目标以及所应揭示的信息，基本上决定了应设置账户的数量和内容。

（3）会计科目的设置既要注意保证统一性与可比性，又要保持灵活性。每一个行业设置哪些科目，每一个科目要核算哪些内容，应该在国家统一会计制度的基础上大体统一，以便企业之间相互可比。但由于企业的经济业务千差万别，管理要求不尽相同，会计科目的设置也要有适度的灵活性，在不影响会计核算要求和会计报表指标的汇总，以及对外提供统一的财务会计报告的前提下，可以根据实际情况自行增设、减少或合并某些会计科目。

（4）设置会计科目的名称要简明扼要，内容确切。每一科目的名称都要尽可能做到字义相符，各科目之间不能相互混淆。

（5）设置会计科目要保持相对稳定性。为了便于在不同时期比较会计核算指标，不能经常变动会计科目的名称，应保持会计科目的相对稳定，使核算指标保持可比性。

表 2-1 是《企业会计准则——应用指南》中规定的一般企业主要的会计科目名称。

表 2-1　　会计科目表

编号	名称	编号	名称
1001	库存现金	2231	应付利息
1002	银行存款	2232	应付股利
1012	其他货币资金	2241	其他应付款
1101	交易性金融资产	2501	长期借款
1121	应收票据	4001	实收资本
1122	应收账款	4002	资本公积
1123	预付账款	4101	盈余公积
1221	其他应收款	4103	本年利润
1231	坏账准备	4104	利润分配
1402	在途物资	5001	生产成本
1403	原材料	5101	制造费用
1405	库存商品	6001	主营业务收入
1511	长期股权投资	6051	其他业务收入
1601	固定资产	6101	公允价值变动损益
1602	累计折旧	6111	投资收益
1701	无形资产	6301	营业外收入
1702	累计摊销	6401	主营业务成本
1801	长期待摊费用	6402	其他业务成本
1901	待处理财产损溢	6403	税金及附加
2001	短期借款	6601	销售费用
2201	应付票据	6602	管理费用
2202	应付账款	6603	财务费用
2203	预收账款	6701	资产减值损失
2211	应付职工薪酬	6711	营业外支出
2221	应交税费	6801	所得税费用

第二节　账　户

一、账户的概念及设置账户的意义

账户是按照规定的会计科目开设，具有一定的结构，用于分类反映会计要素增减变动情况及其结果的载体。

会计科目只是分类核算的项目，它本身没有具体的格式，不能用来记录经济业务。因此，设置科目以后，还必须按照规定的会计科目开设一系列用来反映不同经济内容的账户，以对各项经济业务进行记录。

会计科目和账户是既有联系又相互区别的两个概念。其联系在于：会计科目和账户的名称一致，会计科目是设置账户的依据，科目的名称就是账户的名称；设置科目和开设账户的目的相同，都是为了提供分类核算的会计信息；会计科目和账户所要反映的经济内容相同，会计科目需要反映的经济内容就是账户中要登记的内容。其区别在于：会计科目仅仅是分类核算的项目，不存在结构，而账户有结构，可以具体反映资金运动状况；会计科目和账户的作用不同，会计科目是进行分类核算的依据，账户则是进行分类核算的载体。在实际工作中，会计科目和账户两者往往互相通用，不加区分。

二、账户的结构

账户是用来记录经济业务的，而经济业务的发生在数量上的变化方向是不同的，有时增加，有时减少，因此，用来记录经济业务的账户必须确定结构，明确增加记在哪里，减少记在哪里，增减变动的结果记在哪里。

账户的基本结构分为左右两方，每一方再根据实际需要分成若干栏次，用来分类登记经济业务增减变动及其结果。账户的格式设计一般应包括下列内容：①账户的名称（即会计科目）；②日期和凭证号数（记录经济业务日期和依据）；③摘要（概括说明经济业务的内容）；④增加和减少的金额。账户的基本格式如表 2-2 所示。

表 2-2 **总分类账** 科目名称：__________

年		凭证		摘要	借方金额	贷方金额	借或贷	余额
月	日	字	号					

上述账户左右两方的借方金额栏和贷方金额栏，分别记增加或减少，增减相抵后的差额称为账户的余额。余额根据时间的不同，分为期初余额和期末余额。通过账户核算可以提供以下四种金额：期初余额、本期增加额、本期减少额和期末余额。

本期增加额，是指本会计期间（月度、季度或年度）内账户所登记的增加金额的合计，本期减少额是指本会计期间（月度、季度或年度）内账户所登记的减少金额的合计。本期增加额和本期减少额均属本期发生额，是动态指标，反映有关会计要素的增减变动情况。在没有期初余额的情况下，本期增加发生额减本期减少发生额的差额就是期末余额。本期的期末余额转入下期，就是下期的期初余额。期初余额和期末余额是静态指标，反映特定时间点上会计要素增减变动的结果。上述四种金额的关系用公式表示就是：

期末余额＝期初余额＋本期增加发生额－本期减少发生额

在会计教学中，为了方便起见，往往将上述账户的基本格式简化，突出账户左右两方的金额栏，舍去其他栏次，使其变成“丁”字形账户。如图 2-1 所示：

账户名称

借方 贷方

图 2-1

在账户的左方和右方（借方和贷方）中，哪一方记增加额，哪一方记减少额，其余额在哪一方，取决于所采用的记账方法和账户本身的性质，其中，账户的性质即账户所反映的经济内容的类别。

三、账户所反映的经济内容的类别

账户的经济内容是指账户所要反映和监督的会计对象的具体内容，包括资产、负债、所有者权益、收入、费用和利润六个要素。因此，账户按其所反映的经济内容，可以归纳为五类，即资产类、负债类、所有者权益类、成本类和损益类。

（一）资产类账户

资产类账户是反映资产的账户。这类账户按其所反映资产的流动性，又可以分为流动资产账户和非流动资产账户两类。

（二）负债类账户

负债类账户是反映负债的账户。这类账户按其所反映负债的流动性，又可以分为流动负债账户和非流动负债账户两类。

（三）所有者权益类账户

所有者权益类账户是反映所有者权益的账户。包括“实收资本”、“资本公积”、“盈余公积”、“本年利润”和“利润分配”等账户。

（四）成本类账户

成本类账户是反映生产成本的账户。包括“生产成本”和“制造费用”两个账户。

（五）损益类账户

损益类账户是反映各种收益和费用的账户。按其是反映收益还是反映费用，又可以分成收益类账户和费用类账户两类。

账户按经济内容的分类见图 2-2。

- 资产类
  - 流动资产
    - 库存现金
    - 银行存款
    - 其他货币资金
    - 交易性金融资产
    - 应收票据
    - 应收账款
    - 其他应收款
    - 坏账准备
    - 预付账款
    - 在途物资
    - 原材料
    - 库存商品
  - 非流动资产
    - 长期股权投资
    - 固定资产
    - 累计折旧
    - 无形资产
    - 累计摊销
    - 长期待摊费用
    - 待处理财产损溢
- 负债类
  - 流动负债
    - 短期借款
    - 应付票据
    - 应付账款
    - 预收账款
    - 应付职工薪酬
    - 应交税费
    - 应付利息
    - 应付股利
    - 其他应付款
  - 非流动负债——长期借款
- 所有者权益类
  - 实收资本
  - 资本公积
  - 盈余公积
  - 本年利润
  - 利润分配
- 成本类
  - 生产成本
  - 制造费用
- 损益类
  - 收益
    - 主营业务收入
    - 其他业务收入
    - 公允价值变动损益
    - 投资收益
    - 营业外收入
  - 费用
    - 主营业务成本
    - 其他业务成本
    - 税金及附加
    - 销售费用
    - 管理费用
    - 财务费用
    - 资产减值损失
    - 营业外支出
    - 所得税费用

图 2-2　账户按经济内容的分类

第三节　复式记账法

一、记账方法的概念及种类

会计科目规定了每一科目所要核算的内容，账户提供了将科目规定的核算内容加以记录的载体，要将科目规定的核算内容连续、系统、完整地反映到账户中去，还需要运用科学的记账方法。记账方法，就是根据一定的原理，运用一定的记账符号、记账规则，用文字和数字将经济业务记录到账户中去的方法。

记账方法有两类，一类是单式记账法，一类是复式记账法。

单式记账法，指对发生的经济业务，只在一个账户中进行记录的方法。通常情况下，只重视记录现金的收付以及应收、应付等往来的账项。如用现金支付有关费用，只记现金减少，而不再反映费用的发生情况。如果以现金购买实物，除了记现金收付账以外，有时还记实物收付账，但现金收付账和实物收付账是各自独立记录的，账户之间的记录没有直接联系，账户记录也没有相互平衡的概念。因此，单式记账法不能全面反映经济业务的来龙去脉，只是孤立地反映某项经济业务引起资金运动某一方面的变化；同时，账户设置不完整，账户之间缺乏有机的内在联系，这就不能如实反映情况，也不便于检查账户记录的正确性和完整性。因此，这种方法虽然操作简单，却很少使用。在我国，现在只有那些规模小、业务少、经济活动及经济关系简单、不可能配备专职会计人员的单位采用。

二、复式记账法原理

复式记账法是科学的记账方法，是指对发生的每一项经济业务，都以相等的金额，同时在相互联系的两个或两个以上的账户中记录的方法。

与单式记账法相比，复式记账法有如下两个优点：①由于对每一项经济业务都要在相互联系的两个或两个以上账户中作双重的记录，这不仅可以了解每一项经济业务的来龙去脉，而且在把全部的经济业务都相互联系地登记入账之后，可以通过账户记录完整、系统地反映经济活动的过程和结果。②由于对每一项经济业务都以相等的金额进行分类登记，因而对记录的结果，可以进行试算平衡，以检查账户记录是否正确。因此，这种方法作为一种科学的方法，从它产生那天起就一直得到广泛的运用。目前，我国的企业和行政事业单位都采用这种方法。

复式记账法的理论基础是会计恒等式。“资产＝负债＋所有者权益”这一会计恒等式揭示了资产、负债、所有者权益这几个主要会计要素之间客观上存在的数量关系，即：在一个会计要素发生增减变化时，另一个或两个会计要素必然随之发生数量相等的增减变化，其平衡关系永远不会被打破。复式记账法要求以相等的金额，同时在相互联系的两个或两个以上的账户中记录的方法正是这一基本理论的具体体现。

复式记账法包括几种具体的方法，有借贷记账法、增减记账法、收付记账法等。其中，借贷记账法是世界各国普遍采用的一种记账方法。我国颁布的《企业会计准则——基本准则》明确规定，企业应该采用借贷记账法记账。

三、借贷记账法

借贷记账法是以“借”“贷”二字作为记账符号的一种复式记账方法。这种方法起源于13世纪的意大利，到了15世纪，发展成为一种比较完备的复式记账方法，并为世界许多国家所采用，也是我国各单位广泛使用的一种复式记账方法。

借贷记账法原理包括：记账符号、账户结构、记账规则和试算平衡公式。

（一）记账符号

借贷记账法以“借”和“贷”作为记账符号，将每个账户的左右两方分别用借和贷来表示，通常为左借右贷，以此反映资金的增减变化。

在借贷记账法下，“借”“贷”二字仅仅作为记账符号有一个演变过程。“借”“贷”二字的最初含义与所记录的经济业务内容是相关的。会计上采用这两个字最初是为了适应借贷资本家记录其货币的存入与放出的需要，拉丁语中，“借”表示“欠”，“贷”表示“有”。借贷资本家将收进来的款项记在贷主的名下，表示“有”，对于借贷资本家而言是债务，即应付款；将放出去的款项记在借主的名下，表示“欠”，对于借贷资本家而言是债权，即应收款，这时，“借”“贷”二字表示债权、债务。随着商品经济的发展，经济活动内容日趋复杂，记录的经济业务也不再局限于货币资金的借贷业务，而逐渐扩展到财产物资、经营损益和经营资本等的增减变化。这时，为了求得记账方法的一致，对于非借贷业务，也用“借”“贷”二字来说明其增减变化的情况，这时，“借”“贷”二字逐渐失去了原来字面上的意义，变成了单纯的记账符号，成为会计上的专门术语。

（二）账户结构

借贷记账法的账户结构同账户基本结构一样，分为左右两方，只不过在借贷记账法下的左右两方分别用借和贷来表示，左借右贷。至于哪方记增加，哪方记减少，则取决于账户的性质，即按照经济内容的分类。下面结合不同性质的账户分别说明其具体的结构。

1. 资产类账户

资产的增加记入该账户的借方，资产的减少记入该账户的贷方，账户余额一般为借方余额，表示期末资产金额。用“丁”字账户表示如下（见图 2-3)：

资产类账户

借方	贷方
期初余额 本期增加额	本期减少额
本期发生额合计 期末余额	本期发生额合计

图 2-3

2. 负债及所有者权益类账户

由于在会计恒等式中，负债及所有者权益与资产分别处于等式的两端，因此，负债及所有者权益的账户结构与资产账户的结构相反，增加在贷方，减少在借方，一般余额在贷方。用“丁”字账户表示如下（见图 2-4)：

负债及所有者权益类账户

借方	贷方
本期减少额	期初余额 本期增加额
本期发生额合计	本期发生额合计 期末余额

图 2-4

3. 费用成本类账户

由于费用成本的发生会导致所有者权益减少，而所有者权益的减少记借方，因而费用成本的发生即增加也记借方，费用成本的减少即转出记贷方。一般情况下，该类账户期末要结清，即通过转账手续使它们的余额为零。用“丁”字账户表示如下（见图 2-5）：

费用成本类账户

借方	贷方
本期增加额（或发生额）	本期减少额（或转出额）
本期发生额合计	本期发生额合计

图 2-5

4. 收益类账户

由于收益的取得会导致所有者权益增加，所有者权益增加记贷方，因而收益的增加也记贷方，收益的减少或转出记借方。会计期末，该类账户通常要结清，因此期末一般无余额。用“丁”字账户表示如下（见图 2-6）：

收益类账户

借方	贷方
本期减少额（或转出额）	本期增加额（或发生额）
本期发生额合计	本期发生额合计

图 2-6

用“丁”字账户表示全部账户的结构（见图 2-7）。

账户名称

借方	贷方
资产增加 费用成本增加 负债及所有者权益减少 收益转出	资产减少 费用成本转出 负债及所有者权益增加 收益增加
期末余额：资产	期末余额：负债及所有者权益

图 2-7

（三）记账规则

借贷记账法的记账规则用一句话来概括就是：有借必有贷，借贷必相等。这是由借贷记账法的账户结构原理和复式记账法原理决定的。借贷记账法下的账户结构原理表明：每一个账户的结构都是左右两方，左借右贷，一方记增加，一方记减少，账户的性质相同，记账的借贷方向相同；账户的性质相反，记账的借贷方向相反。而每一笔业务的发生所涉及的账户，如果性质相同，都是资产，或都是负债，肯定是一增一减，记账时必然是一借一贷；如果账户的性质相反，一方是资产，而另一方是负债或所有者权益，肯定是同时等量增加，或同时等量减少，记账时必然也是一借一贷，所以借贷记账法下的账户结构原理决定了记账规则之一就是“有借必有贷”。虽然一笔业务的发生所涉及的账户的借贷方向相反，但因为是一笔业务，其金额必然相等，所以复式记账法要求必须以相等的金额在两个及两个以上的账户中同时记录，因此记账规则之二就是“借贷必相等”。

记账规则要求：对发生的每一笔经济业务都必须以相等的金额、借贷相反的方向，在两个或两个以上相互联系的账户中进行登记。即在一个账户中记借方，必须同时在另一个或几个账户中记贷方；或者在一个账户中记贷方，同时在另一个或几个账户中记借方，记入借方的金额同记入贷方的金额必须相等。

运用借贷记账法的记账规则记录经济业务的时候，应该从两个方面去考虑：首先分析经济业务的性质，确定所涉及的账户及其类别；其次分析哪些账户是增加，哪些账户是减少，进而确定记账的方向。

运用借贷记账法的记账规则将经济业务记录到账户中去的工作，是通过编制记账凭证或称会计分录完成的。会计分录，就是标明某项经济业务应记入的账户的名称、登记应借应贷方向及金额的记录。会计分录有简单分录和复合分录之分。简单分录即一个账户与另一个账户相对应的会计分录，复合分录是一个账户与两个以上账户相对应的会计分录，也有多借多贷的会计分录。

下面举例说明记账规则的运用。

【例 2-1】 某企业 2019 年 6 月 30 日账户余额如表 2-3 所示。

表 2-3

资产类账户		负债及所有者权益账户	
库存现金	1 000	短期借款	18 000
银行存款	30 000	应付账款	15 000
应收账款	2 000	实收资本	140 000
原材料	60 000		
固定资产	80 000		
合计	173 000	合计	173 000

2019 年 7 月份发生如下业务：

(1) 收到投资者投资 200 000 元存入银行。

这项业务是使所有者权益账户“实收资本”和资产账户“银行存款”同时增加的业务。所有者权益增加记贷方，资产增加记借方，编制会计分录如下：

借：银行存款　　200 000

　贷：实收资本　　200 000

将这项业务在两个账户中登记如下（见图 2-8）：

实收资本

借方	贷方
	期初余额　140 000
	(1)　200 000

银行存款

借方	贷方
期初余额　30 000	
(1)　200 000	

图 2-8

(2) 从银行取得短期借款 10 000 元偿还前欠货款。

这项经济业务是使负债类账户“短期借款”增加和“应付账款”减少的业务，同是负债类账户增加记入贷方，减少记入借方，编制会计分录如下：

借：应付账款　　10 000

　贷：短期借款　　10 000

将这项业务在两个账户中登记如下（见图 2-9）：

短期借款

借方	贷方
	期初余额　18 000
	(2)　10 000

应付账款

借方	贷方
	期初余额　15 000
(2)　10 000	

图 2-9

(3) 从银行提取现金 1 000 元。

这项业务是使资产类账户“库存现金”增加和“银行存款”减少的业务，资产类账户内部一增一减，增加记入借方，减少记入贷方，编制会计分录如下：

借：库存现金　　1 000

　贷：银行存款　　1 000

将这项业务在两个账户登记如下（见图 2-10）：

银行存款

借方	贷方
期初余额 30 000	
(1) 200 000	
	(3) 1 000 ←→

库存现金

借方	贷方
期初余额 1 000	
(3) 1 000	

图 2-10

(4) 购入免税材料一批，货款 50 000 元尚未支付，材料已验收入库。

这是一项使资产账户“原材料”与负债账户“应付账款”同时增加的业务。资产增加记入借方，负债增加记入贷方，编制会计分录如下：

借：原材料　　50 000

　贷：应付账款　　50 000

将这项业务在两个账户中登记如下（见图 2-11）：

应付账款

借方	贷方
	期初余额 15 000
(2) 10 000	
	(4) 50 000 ←→

原材料

借方	贷方
期初余额 60 000	
(4) 50 000	

图 2-11

(5) 用银行存款偿还上述应付账款的一部分 30 000 元。这是一项使资产账户“银行存款”和负债账户“应付账款”同时减少的业务。资产减少记入贷方，负债减少记入借方，编制会计分录如下：

借：应付账款　　30 000

　贷：银行存款　　30 000

将这项业务在两个账户中登记如下（见图 2-12）：

银行存款

借方	贷方
期初余额 30 000	
(1) 200 000	
	(3) 1 000
	(5) 30 000 ←→

应付账款

借方	贷方
	期初余额 15 000
(2) 10 000	
	(4) 50 000
(5) 30 000	

图 2-12

上述例子说明，经济业务发生时，尽管每一项业务性质不同，有的是资产和负债及所有者权益同增或同减业务，有的是资产内部或负债内部此增彼减业务，但“有借必有贷、借贷必相等”这一记账规则却是同样适用的。通过上述例子还可以看出，在每一项业务里，相关账户之间存在应借应贷的关系，账户之间的这种关系叫做对应关系，存在对应关系的账户叫做对应账户。

（四）试算平衡

按照借贷记账法的原理对所发生的经济业务进行记录以后，还可以通过试算平衡来检查和验证账户记录是否正确。试算平衡，就是根据会计恒等式和记账规则的要求，通过汇总计算和比较来检查账户记录的正确性和完整性的一种方法。试算平衡有全部账户发生额试算平衡和全部账户余额试算平衡两种，其公式如下：

（1）发生额试算平衡公式。

全部账户借方发生额合计＝全部账户贷方发生额合计

（2）余额试算平衡公式。

全部账户借方余额合计＝全部账户贷方余额合计

每个月结束时，要结出各个账户的本月发生额和月末余额，再通过编制试算平衡表来进行试算平衡。

结合例 2-1 中的业务，结账和编制试算平衡表如下（见图 2-13、表 2-4）：

库存现金

借方		贷方	
期初余额	1 000		
(3)	1 000		
本期发生额	1 000		
期末余额	2 000		

银行存款

借方		贷方	
期初余额	30 000		
(1)	200 000		
		(3)	1 000
		(5)	30 000
本期发生额	200 000	本期发生额	31 000
期末余额	199 000		

应收账款

借方	贷方
期初余额 2 000	
期末余额 2 000	

固定资产

借方	贷方
期初余额 80 000	
期末余额 80 000	

原材料

借方		贷方
期初余额	60 000	
(4)	50 000	
本期发生额	50 000	
期末余额	110 000	

短期借款

借方	贷方	
	期初余额	18 000
	(2)	10 000
	本期发生额	10 000
	期末余额	28 000

应付账款

借方		贷方	
		期初余额	15 000
(2)	10 000		
		(4)	50 000
(5)	30 000		
本期发生额	40 000	本期发生额	50 000
		期末余额	25 000

实收资本

借方	贷方	
	期初余额	140 000
	(1)	200 000
	本期发生额	200 000
	期末余额	340 000

图 2-13

表 2-4　某企业总分类账户试算平衡表

2019 年 7 月 31 日

会计科目	期初余额		本期发生额		期末余额	
	借方	贷方	借方	贷方	借方	贷方
库存现金	1 000		1 000		2 000	
银行存款	30 000		200 000	31 000	199 000	
应收账款	2 000				2 000	
原材料	60 000		50 000		110 000	
固定资产	80 000				80 000	
短期借款		18 000		10 000		28 000
应付账款		15 000	40 000	50 000		25 000
实收资本		140 000		200 000		340 000
合计	173 000	173 000	291 000	291 000	393 000	393 000

必须指出的是，通过试算平衡表来检查账户记录是否正确并不是绝对的。如果借贷不平衡，肯定账户记录有错误；但如果借贷平衡却不能肯定账户记录没有错误，如重记、漏记错误并不影响借贷平衡。

自测题

一、名词解释

1. 会计科目　2. 账户　3. 账户结构　4. 复式记账法
5. 借贷记账法　6. 会计分录　7. 对应账户　8. 试算平衡

二、简答题

1. 什么是科目？什么是账户？科目与账户有什么关系？
2. 会计科目按经济内容分为几类？以企业为例说明其具体内容是什么。
3. 什么是复式记账法？为什么说它是科学的记账方法？
4. 说明借贷记账法下各类性质的账户的具体结构。

三、单项选择题

1. 下列各项中，被会计科目进一步分类的是（　）。
A. 会计对象　B. 会计账簿
C. 会计要素　D. 资金运动
2. 对会计具体对象具体内容进行分类核算的项目称为（　）。
A. 会计科目　B. 会计账户
C. 会计报表　D. 会计要素
3. 下列各项中，与账户余额方向一致的是（　）。
A. 增加额　B. 减少额　C. 发生额　D. 余额
4. 某公司的所有者权益为10万元，即（　）。
A. 该公司的投入资本为10万元
B. 该公司的资产总额为10万元
C. 该公司的权益总额为10万元
D. 该公司的净资产总额为10万元
5. 下列各项中，反映资产情况的账户是（　）。
A. 利润分配　B. 实收资本

C. 累计折旧　　D. 管理费用

6. 如果某账户表现为贷方余额，则可以判断该账户属于下列各项中的（　）。

A. 资产类账户　　B. 收益类账户

C. 负债或所有者权益类账户　　D. 费用类账户

7. 下列各项中，反映企业所有者权益的账户是（　）。

A. 利润分配　　B. 短期借款

C. 营业收入　　D. 累计折旧

8. 下列各项中，属于复式记账法理论基础的是（　）。

A. 权责发生制

B. 资产＝负债＋所有者权益

C. 借方发生额合计＝贷方发生额合计

D. 收入－费用＝利润

9. 如果某账户的借方登记增加数，且期末无余额，则它一定是（　）。

A. 资产　　B. 负债　　C. 收入　　D. 费用

10. 复式记账法对于每一项经济业务在账户中登记的要求是在（　）中登记。

A. 一个账户　　B. 两个账户

C. 两个或两个以上相关账户　　D. 一个账户的两个方向

11. “累计折旧”账户的性质是（　）。

A. 资产　　B. 负债　　C. 损益　　D. 成本

12. 通过试算平衡能够发现的错误是（　）。

A. 重记经济业务　　B. 漏记经济业务

C. 借贷方向相反　　D. 借贷金额不等

13. 下列各项中，不属于损益类会计科目的是（　）。

A. 管理费用　　B. 生产成本

C. 主营业务成本　　D. 其他业务成本

14. 会计账户借贷两方，哪一方登记增加数，哪一方登记减少数，取决于（　）。

A. 账户的级次　　B. 记账方法

C. 账户的类别　　D. 所记录的经济业务内容

15. 下列各项中，账户的借方表示减少的是（　　）。

A. 资产类　　B. 成本类

C. 费用类　　D. 收入类

16. 企业某资产账户期初余额为 5 600 元，期末余额为 5 700 元，本期贷方发生额为 800 元，则本期借方发生额为（　　）元。

A. 900　　B. 10 500　　C. 700　　D. 12 100

17. 假如企业某所有者权益账户本期贷方发生额为 1 200 万元，本期借方发生额 1 500 万元，期末余额为 1 300 万元，则期初余额是（　　）万元。

A. 4 000　　B. 1 600

C. 1 200　　D. 1 000

18. 设置账户的理论依据是（　　）。

A. 会计对象　　B. 会计要素

C. 会计科目　　D. 会计恒等式

19. 下列项目中，属于流动资产的是（　　）。

A. 应付账款　　B. 预收账款

C. 机器设备　　D. 预付账款

20. 下列项目中，属于长期负债的是（　　）。

A. 预付账款　　B. 应付票据

C. 应付账款　　D. 长期借款

21. 所有者权益在数量上等于（　　）。

A. 企业总资产

B. 企业净资产

C. 企业净利润

D. 流动资产扣除流动负债的余额

22. 下列经济业务中，引起负债总额增加的是（　　）。

A. 向银行贷款采购设备　　B. 以银行借款偿还应付账款

C. 从银行提取现金　　D. 产品完工验收入库

23. 企业收到投资人投入的机器设备，属于（　　）。

A. 资产项目此增彼减　　B. 权益项目此增彼减

C. 资产项目和权益项目同增　　D. 资产项目和权益项目同减

24. 下列经济业务中，发生后不会使会计等式两边总额发生变化的是（ ）。

A. 收到前欠货款存入银行

B. 从银行取得短期借款存入银行

C. 以银行存款偿还应付账款

D. 收到投资者投入的商标权一项

25. 下列经济业务中，使资产和权益项目同时增加的是（ ）。

A. 生产产品领用原材料

B. 以现金发放职工工资

C. 以盈余公积转增资本

D. 收到购买单位预付的购货款存入银行

26. 下列经济业务中，没有引起资产发生增减变化的是（ ）。

A. 所有者投资，款项存入银行

B. 以银行借款偿还应付账款

C. 以银行存款偿还前欠货款

D. 购入原材料一批，货款尚未支付

四、多项选择题

1. 下列各项中，体现会计科目作用的有（ ）

A. 设置账户的依据

B. 对经济业务进行分类

C. 决定财务会计报表的内容和结构

D. 反映经济管理要求

2. 下列各项中，作为设置会计科目应遵循原则的有（ ）。

A. 系统、全面反映会计对象　　B. 满足财务会计报表要求

C. 保持相对稳定性　　D. 经过审计人员批准

3. 下列各项中，构成账户一般要素的有（ ）。

A. 科目名称　　B. 日期和凭证号

C. 摘要　　D. 增加和减少的金额

4. 下列各项中，以设置会计科目为基础的有（ ）。

A. 账户开设　　B. 报表结构设计

C. 成本计算　　D. 财产清查

5. 关于账户中各项金额之间关系，下列说法中正确的有（　　）。

A. 本期期末余额＝本期期初余额＋本期增加发生额－本期减少发生额

B. 本期期末余额＋本期减少发生额＝本期期初余额＋本期增加发生额

C. 本期期末余额＝本期增加发生额－本期减少发生额

D. 本期期末余额－本期期初余额＝本期增加发生额－本期减少发生额

6. 下列经济业务中，引起资产和负债同时增加的有（　　）。

A. 赊购材料

B. 从银行提取现金

C. 以银行存款购入材料

D. 向银行借款并将款项存入银行

7. 下列经济活动中，引起资产和负债同时减少的有（　　）。

A. 以银行存款偿付前欠货款　　B. 以银行存款还银行借款

C. 购买材料货款尚未支付　　D. 收回应收账款

8. 借贷记账法下，账户的贷方反映的内容包括（　　）。

A. 资产的增加　　B. 资产的减少

C. 收入增加　　D. 所有者权益减少

9. 下列经济业务中，引起资产一增一减的有（　　）。

A. 以银行存款购买设备　　B. 以银行存款偿还前欠货款

C. 从银行提取现金　　D. 以银行存款购买材料

10. 下列项目中，属于损益类账户的有（　　）。

A. 管理费用　　B. 制造费用

C. 本年利润　　D. 所得税费用

11. 下列账户中，反映收益情况的账户有（　　）。

A. 本年利润　　B. 主营业务收入

C. 利润分配　　D. 营业外收入

12. 账户的借方表示（　　）。

A. 资产增加　　B. 收入减少

C. 费用增加　　D. 负债减少

13. 账户的贷方表示（ ）。

A. 收入增加　B. 收入减少

C. 费用减少　D. 负债增加

14. 下列说法中正确的有（ ）。

A. 账户的余额一般与记录增加额在同一方向

B. 损益类账户在期末结转后一般无余额

C. 成本类账户如有余额，其余额在贷方

D. 账户期末余额的计算与其发生额无关

15. 期间费用一般包括（ ）。

A. 财务费用　B. 管理费用

C. 制造费用　D. 销售费用

16. 下列账户中，属于费用要素的有（ ）。

A. 销售费用　B. 管理费用

C. 生产成本　D. 制造费用

17. 下列账户中，属于所有者权益要素的有（ ）。

A. 本年利润　B. 盈余公积

C. 实收资本　D. 投资收益

18. 下列账户中，属于成本类的账户有（ ）。

A. 生产成本　B. 制造费用

C. 主营业务成本　D. 管理费用

19. 期末结账后没有余额的账户有（ ）。

A. 主营业务收入　B. 生产成本

C. 投资收益　D. 其他业务收入

五、判断题

1. 记账方法，按记录方式不同，可分为单式记账法和借贷记账法。（ ）

2. 借贷记账法的记账规则是“有借必有贷，借贷必相等”。（ ）

3. 一般情况下，账户的余额与增加额在一个方向。（ ）

4. 借贷记账法的基本内容，主要包括记账符号、账户结构、记账规则和试算平衡。（ ）

5. 凡是余额在借方的都是资产类账户。（ ）

6. 所有经济业务的发生都会引起会计等式两边发生变化。（　　）

7. 借贷记账法下的“借”“贷”二字，其本身的含义是没有意义的。（　　）

8. 账户是会计科目的名称，会计科目是根据账户开设的。（　　）

9. 账户期末借方发生额合计数与贷方发生额合计数相等。（　　）

10. 负债和所有者权益分别是债权人和投资者对企业资产享有的要求权。（　　）

11. 会计等式表明，有一定数额的资产，就必然有相等数额的所有者权益。（　　）

12. 从任何一个时点看，一个企业的资产总额与权益总额之间必然保持数量上的平衡关系。（　　）

13. 收入往往表现为货币资金的流入，但并非所有货币资金的流入都是企业的收入。（　　）

14. 任何经济业务的发生都不会影响会计等式之间的平衡关系，也不影响资产总额。（　　）

15. “应付账款”“预付账款”同属负债账户。（　　）

16. “本年利润”账户属于损益类账户。（　　）

17. “累计折旧”账户的贷方登记的是提取的折旧额，表示折旧额的增加，所以是负债类账户。（　　）

18. 企业绝对不可以根据需要自行设置会计科目。（　　）

19. 通过试算平衡表查得借贷双方金额相等，则说明账户记录是正确的。（　　）

20. 所有账户的左边均记录增加额，右边均记录减少额。（　　）

六、练习题

1. 将账户按经济内容进行分类并确定账户名称。

（1）房屋及建筑物

（2）设备

（3）库存钢材

（4）库存已完工产品

（5）库存现金

（6）存在银行里的款项

(7) 应收某工厂的货款

(8) 正在加工的在产品

(9) 向银行借入一年以内的借款

(10) 应付给外单位的货款

(11) 暂付给职工的差旅费

(12) 预收的押金

(13) 欠交的税费

(14) 欠付的利润

(15) 销售产品的成本

(16) 支付的办公费

(17) 支付的销售费用

(18) 提取的盈余公积金

(19) 收到的投资

2. 计算下列账户中的未知数据。

账户名称	期初余额	本期增加发生额	本期减少发生额	期末余额
银行存款	260 000	1 166 000	989 000	?
原材料	300 000	?	96 500	323 500
固定资产	2 800 000	168 800	154 400	?
短期借款	?	180 000	170 000	210 000
应付账款	360 000	140 000	?	340 000

3. 练习借贷记账法。

资料如下：

某企业 2019 年 5 月 31 日账户余额

资产类账户	金额	负债及所有者权益账户	金额
库存现金	1 200	短期借款	56 600
银行存款	175 000	应付账款	57 600
应收账款	20 000	实收资本	800 000
生产成本	35 000		
原材料	98 000		
库存商品	25 000		
固定资产	560 000		
总计	914 200	总计	914 200

2019 年 6 月，该企业发生下列经济业务：

（1）接受其他单位投入资本 200 000 元，存入银行。

（2）从银行借入短期借款 50 000 元，存入银行。

（3）购进免税材料一批，货款 76 000 元，材料验收入库，货款尚未支付。

（4）从银行存款中提取现金 800 元。

（5）收到购货单位还前欠货款 10 000 元，存入银行。

（6）以银行存款归还前欠货款 17 600 元。

要求：

（1）对 2019 年 6 月份该企业发生的业务编制会计分录。

（2）开设“丁”字账，登记期初余额、本期发生额，并结计期末余额。

（3）编制总分类账户试算平衡表。

CHAPTER

3 第三章 主要经济业务的核算

为了帮助读者进一步熟练掌握账户和借贷记账法的运用，本章以工业企业的主要经济业务和事项为例，说明如何在借贷记账法下建立一套完整的账户体系并对经济业务事项进行账务处理。

工业企业的经营过程是以生产过程为中心的，依次经过生产的准备过程、产品的生产过程、产品的销售过程以及利润形成和分配过程。生产的准备过程主要是为产品的生产准备条件的过程，包括资金筹集业务、固定资产和原材料等的采购业务。产品的生产过程是企业最主要的经营活动，是将生产资料和劳动力相结合，生产出符合社会需要的产品的过程。产品的销售过程是将生产出来的产品对外销售的过程。利润形成和分配过程就是在产品销售以后，确定一定期间的最终财务成果并进行分配的过程。

第一节　资金筹集业务的核算

一、资金筹集业务

目前，企业筹集资金主要有两条渠道：一是吸收投资者的权益性资本投资，称实收资本（或称股本）；二是向债权人借入的资金，称负债。实收资本是企业所有者权益的主要内容，企业收到投资者以各种形式的资产进行的投资，都会导致企业的资产增加和所有者权益增加。企业向债权人借入的资金主要有借款和发行债券等。借款业务主要包括取得借款、支付利息和到期偿还等内容。

二、资金筹集业务核算设置的账户

为了总括地核算资金的筹集业务，需要设置下列账户：企业将筹集到的资金存入银行，需要设置“银行存款”账户；企业通过吸收投资者投资筹集资金，需要设置“实收资本”账户（股份有限公司将本账户改为“股本”账户）；企业通过向债权人筹集资金，需要设置“短期借款”或“长期借款”等账户。

“银行存款”账户是资产类账户，用来核算企业存放在银行或其他金融机构的各种存款的收、付和结存情况。该账户借方登记银行存款的增加，贷方登记银行存款的减少。企业收到款项存入银行等金融机构时，按实际存入的款项借记“银行存款”账户，贷记有关账户；提取和支出存款时，借记有关账户，按实际提取和支出数额贷记“银行存款”账户；其借方余额反映存放在银行等金融机构的款项。

“实收资本”账户是所有者权益类账户，用来核算企业接受投资者投入的款项的增减变动情况及其结果。该账户贷方登记实收资本的增加，借方登记实收资本的减少。企业接受投资者投入资本时，借记有关账户，按其在注册资本中所占的份额贷记“实收资本”账户；企业按法定程序报经批准减少注册资本时，借记“实收资本”账户，贷记有关账户；其贷方余额反映投资者投资的实有数额。

“短期借款”账户是负债类账户，用来核算企业向银行或其他金融机构等借入的期限在 1 年以下（含 1 年）的各种借款。该账户贷方登记短期借款的增加，借方登记短期借款的减少。企业借入短期借款时，借记“银行存款”账户，贷记“短期借款”账户；归还短期借款时，借记“短期借款”账户，贷记“银行存款”账户；期末贷方余额反映企业尚未偿还的短期借款。

“长期借款”账户是负债类账户，用来核算企业向银行或其他金融机构借入的期限在 1 年以上（不含 1 年）或超过 1 年的一个营业周期以上的的各项借款，该账户贷方登记借入的款项及预计的应付利息；借方登记还本付息的数额；期末余额在贷方，表示尚未偿还的长期借款本息数额。

三、资金筹集业务核算举例

南华工厂为增值税一般纳税人，增值税税率为13%。本章各种业务核算举例均以南华工厂2018年12月份发生的经济业务为依据。为便于全面系统理解所有经济业务的会计核算，会计分录连续编号。

【例3-1】 南华工厂收到国家投资800 000元，款项存入银行。

这项经济业务的发生，一方面使企业的银行存款增加了800 000元，另一方面使国家对企业的投资也增加了800 000元。银行存款增加是资产的增加，应借记“银行存款”账户；国家对企业的投资增加属于企业的所有者权益增加，应贷记“实收资本”账户。编制会计分录如下：

(1) 接受投资时：

借：银行存款　　800 000

　贷：实收资本　　800 000

【例3-2】 南华工厂于月初向银行借入款项150 000元，期限为半年，年利率为6%，按季计息，借入款项存入银行。

这项经济业务的发生，一方面使企业的银行存款增加了150 000元，应借记“银行存款”账户，另一方面使企业的负债短期借款增加了150 000元，应贷记“短期借款”账户。编制会计分录如下：

(2) 取得借款时：

借：银行存款　　150 000

　贷：短期借款　　150 000

第二节　采购业务的核算

一、采购业务

工业企业在生产准备阶段除了要筹集资金以外，还要采购生产资料，包括原材料和生产用设备等固定资产。

企业在采购过程中，一方面购进了自己所需要的原材料及设备，使企业的资产增加；另一方面还要办理与其他单位的款项结算，支付采购的货款和运输费、装卸费等各种采购费用，使企业的资产减少或者负债增加。原材料和固定资产购进后，还要交给仓库等有关部门验收并保管，以备生产车间和管理部门领用。

企业与其他单位的款项结算有三种方式：①购进时直接支付现款，这样会使企业的现金和银行存款减少；②购进时未付款，在将来规定的时间内以企业的资产或新的负债来结算，这样会使企业的负债增加，即应付账款等增加；③购进时结清以前为采购而预付的款项。企业预付款项时，材料等还没有购进，只是资产的一种转移，某项资产增加，某项资产减少。

材料和固定资产采购成本要按照相关准则的规定加以确定。材料和固定资产的采购成本一般以历史成本作为计量的基础，即按实际采购成本计价。材料的实际采购成本指企业材料从采购到入库前所发生的全部支出，一般包括：购买价款、相关税费、运输费、装卸费、保险费以及其他可归属于材料采购成本的费用。固定资产的实际采购成本一般包括：购买价款、相关税费、使固定资产达到预定可使用状态前所发生的可归属于该项资产的运输费、装卸费、安装费和专业人员服务费等。

二、采购业务核算设置的账户

为了总括地核算采购业务，需要设置两类账户，一类是反映企业购进资产的增减变化的账户，如“在途物资”“原材料”“固定资产”账户等；另一类是反映款项结算的账户，如“银行存款”“库存现金”“应付账款”“预付账款”“应交税费”账户等。

“在途物资”账户是资产类账户，用来核算企业尚未入库的购入材料或尚未将采购成本归集完毕的材料的采购成本。该账户的借方用于归集材料的采购成本，待采购成本归集完毕、材料入库以后，从贷方转入“原材料”账户。因此，当采购材料支付价款和运杂费等时，借记“在途物资”账户，贷记“银行存款”等账户；材料采购成本归集完毕并入库时，借记“原材料”账户，贷记“在途物资”账户；其借方余额反映企业尚未入库或尚未将采购成本归集完毕的材料的采购成本。

“原材料”账户是资产类账户，用来核算企业库存的各种材料，包括原材料及主要材料、辅助材料、外购半成品、修理用备件、包装材料、燃料等的收、发和结存情况。该账户借方登记原材料的增加，贷方登记原材料的减少。材料验收入库时，按入库材料的实际采购成本，借记“原材料”账户，贷记“在途物资”账户；领用和发出材料，按发出材料的实际成本，借记有关账户，贷记“原材料”账户；其借方余额反映库存材料的实际成本。

“固定资产”账户是资产类账户，用来核算企业持有的固定资产的原价。固定资产是指为生产商品、提供劳务、出租或经营管理而持有的，使用寿命超过一个会计年度的有形资产，包括房屋、建筑物、机器、机械、运输工具等。该账户的借方登记增加的固定资产的原始成本，包括：购买价款、相关税费、使固定资产达到预定可使用状态前所发生的可归属于该项资产的运输费、装卸费、安装费和专业人员服务费等；该账户的贷方登记减少的固定资产的原始成本。企业购入固定资产时，按照固定资产的成本借记“固定资产”账户，贷记“银行存款”等账户；其借方余额反映期末结存的固定资产的原始成本。

“库存现金”账户是资产类账户，用来核算企业库存现金的收、付和结存情况。该账户的借方登记库存现金的增加，贷方登记库存现金的减少。企业收到现金时，按实收金额借记“库存现金”账户，贷记相关账户；支出现金时，按实际支出金额借记相关账户，贷记“库存现金”账户；其借方余额表示库存现金的实际数额。

“应付账款”账户是负债类账户，用来核算企业因购买材料、商品和接受劳务等经营活动应支付的款项。该账户的贷方登记应付账款的增加，借方登记应付账款的减少。发生应付款项时，借记有关账户，按实际应付金额贷记“应付账款”账户；归还该款项时，按实际归还的金额借记“应付账款”账户，贷记相关账户；其贷方余额反映企业尚未支付的应付账款余额。

“预付账款”账户是资产类账户，用来核算企业按照购货合同规定预付给供应单位的款项。该账户的借方登记预付账款的增加，贷方登记预付账款的减少。企业因购货而预付款项时，按实际预付的金额借记“预付账款”账户，贷记“银行存款”账户；收到所购物资时，借记“在途物资”等账户，按应支付的金额冲销该预付的款项，贷记“预付账款”账户；期末借方余额反映企业预付的款项；期末如为贷方余额，反映企业尚未补付的款项。

“应交税费”账户是负债类账户，用来核算企业按照税法等规定计算应缴纳的各种税费，包括增值税、消费税、所得税等。该账户的贷方登记应交税费的增加，借方登记应交税费的减少。企业计算出应缴纳的各种税费时，借记相关账户，贷记“应交税费”账户；企业实际缴纳各种税费时，借记“应交税费”账户，贷记“银行存款”账户；期末贷方余额反映企业尚未缴纳的税费；期末如为借方余额，反映企业多缴或尚未抵扣的税费。

企业在核算应交增值税时，“应交税费”账户的借方发生额反映企业购进货物时支付给销售方的增值税和实际向国家缴纳的增值税等，贷方发生额反映企业销售货物时向购货方收取的增值税等。

三、采购业务核算举例

【例 3-3】 南华工厂购入生产用设备一台，货款 200 000元，增值税款 26 000 元，以银行存款支付。

这项经济业务的发生，使企业的固定资产成本增加 200 000 元，支付给销售方的增值税增加了 26 000 元；另一方面使企业的银行存款减少了 226 000 元。固定资产增加，应借记“固定资产”账户；支付给销售方的增值税应借记“应交税费”账户；银行存款减少，应贷记“银行存款”账户。编制会计分录如下：

(3) 购买固定资产时：

借：固定资产	200 000	
应交税费	26 000	
贷：银行存款		226 000

【例 3-4】 南华工厂从 A 公司购入甲材料 5 000 千克，每千克 20 元，材料尚未验收入库，款项已用银行存款支付，增值税税率 13%。

这项经济业务的发生，一方面使企业的材料采购成本增加了 100 000 元，支付给销售方的增值税增加了 13 000 元；另一方面也使企业的银行存款减少了 113 000 元。材料采购成本增加应借记“在途物资”账户；支付给销售方的增值税应借记“应交税费”账户；银行存款减少应贷记“银行存款”账户。编制会计分录如下：

(4) 购买材料时：

借：在途物资	100 000	
应交税费	13 000	
贷：银行存款		113 000

【例 3-5】 南华工厂从 B 公司购入乙材料 4 000 千克，每千克 30 元。材料尚未验收入库，款项尚未支付，增值税税率 13%。

这项经济业务一方面表明材料采购成本增加 120 000 元，应记入“在途物资”账户的借方，支付给销售方的增值税 15 600 元，应记入“应交税费”账户的借方；另一方面表明材料价款和增值税款尚未支付，应记入“应付账款”账户的贷方。编制会计分录如下：

（5）购买材料时：

借：在途物资　　120 000

　　应交税费　　15 600

　贷：应付账款　　135 600

【例 3-6】 归集甲乙两种材料的采购成本，其采购成本为 220 000元（100 000＋120 000），此时应将采购成本从“在途物资”账户的贷方转入“原材料”账户的借方。编制会计分录如下：

（6）材料入库时：

借：原材料　　220 000

　贷：在途物资　　220 000

【例 3-7】 南华工厂以银行存款 15 000 元预付给 C 公司，用于购买丙材料。

这项经济业务发生，一方面使企业的预付账款增加，另一方面使银行存款减少。预付账款增加应借记“预付账款”账户，银行存款减少应贷记“银行存款”账户。编制会计分录如下：

（7）预付货款时：

借：预付账款　　15 000

　贷：银行存款　　15 000

【例 3-8】 南华工厂收到 C 公司的丙材料，企业曾预付给该公司货款 15 000 元。材料验收入库。该批材料的货款 20 000 元，增值税税率 13%，除冲销预付账款 15 000 元以外，以银行存款支付其余的款项。

这项经济业务的发生，一方面使材料成本增加了 20 000 元，支付给销售方的增值税增加了 2 600 元；另一方面使预付货款减少了 15 000 元，银行存款减少了 7 600 元。材料成本增加应借记“在途物资”账户；支付给销售方的增值税增加，借记“应交税费”账户；预付账款减少应贷记“预付账款”账户；银行存款减少贷记“银行存款”账户。编制会计分录如下：

(8) 购买材料时：

借：在途物资	20 000	
应交税费	2 600	
贷：银行存款		7 600
预付账款		15 000

该批材料采购成本归集完毕，结转材料的实际采购成本。编制会计分录如下：

(9) 材料入库时：

借：原材料	20 000	
贷：在途物资		20 000

第三节　生产业务的核算

一、生产业务

生产过程就是生产资料和劳动力结合起来生产产品的过程。在这个过程中，既有物化劳动（劳动资料和劳动对象）的耗费，又有活劳动的耗费。物化劳动的耗费主要包括：原材料、辅助材料、燃料和动力的消耗以及厂房、机器等固定资产的磨损；活劳动的耗费主要是支付给劳动者的薪酬，包括生产工人的工资、福利、社会保险费、住房公积金等，生产管理者的工资、福利、社会保险费、住房公积金等。产品生产过程中发生的各种费用，叫作生产费用。企业的生产费用，不论发生在何处，都要归集、分配到一定种类的产品上，形成各种产品的成本，即产品的生产成本。随着产品完工入库，生产成本转化为产成品。企业生产业务的核算内容就是生产费用的发生、归集、分配，产品成本的形成，以及与有关方面的结算。

二、生产业务核算需要设置的账户

为了总括地核算生产业务，需要设置“生产成本”、“制造费用”、“应付职工薪酬”、“累计折旧”、“管理费用”和“库存商品”等账户。

“生产成本”账户属于成本类账户，用来核算企业进行工业性生产，包括生产各种产品、自制材料等所发生的各项生产费用。企业发生的各项生产费用应按成本对象和成本项目归集，属于直接材料、直接人工等直接费用直接记入该账户。其他间接费用先在“制造费用”账户归集，月度终了，再转入“生产成本”账户，并按一定的分配标准，分配计入有关的产品成本。“生产成本”账户借方登记当期发生的、应计入产品成本的生产费用；贷方登记期末结转的完工产品的实际生产成本。企业发生生产成本时，借记“生产成本”账户，贷记相关账户；结转完工入库的产品成本时，借记“库存商品”账户，贷记“生产成本”账户。余额在借方，表示月末尚未完工产品的生产成本。

“制造费用”账户是成本类账户，用来核算企业为生产产品和提供劳务而发生的、应计入产品成本但未单设成本项目的各项间接费用，包括生产车间管理人员的工资、福利、社会保险费、住房公积金等费用和机器设备等生产用固定资产的折旧费及修理费、车间的办公费、水电费、机物料消耗、劳动保护费、季节性和修理期间的停工损失等。“制造费用”账户借方登记当期发生的、应计入制造费用的生产费用；期末，将借方发生的制造费用按照一定的标准进行分配，从贷方转出，转至“生产成本”账户。上述费用发生时，借记“制造费用”账户，贷记相关账户；月末分配、结转制造费用时，借记“生产成本”账户，贷记“制造费用”账户，结转后该账户无余额。

“应付职工薪酬”账户是负债类账户，用来核算企业根据有关规定应付给职工的各种薪酬，以及由此形成的企业与职工之间、企业与其他有关部门之间的薪酬结算情况和薪酬费用的分配情况。薪酬费用的分配，应按照职工所从事的工作分别作为各种成本、费用。其中，支付给生产工人的薪酬直接计入生产成本；车间管理人员的薪酬先计入制造费用，月末再按照一定的标准分配计入相关产品的成本；行政管理人员的薪酬计入管理费用；销售人员的薪酬计入销售费用。该账户的贷方登记应付职工薪酬的增加，借方登记应付职工薪酬的减少。月末计算分配职工薪酬时，借记各种成本费用账户，贷记“应付职工薪酬”账户；实际支付职工薪酬时，借记“应付职工薪酬”账户；期末贷方余额反映应付未付的职工薪酬。

“累计折旧”账户是资产类账户，用来核算企业固定资产的价值损耗即累计折旧。固定资产的折旧费用应当由相关成本费用负担，生产车间生产产品使用的固定资产所计提的折旧记入“制造费用”账户；管理部门使用的固定资产所计提的折旧记入“管理费用”账户。该账户的贷方登记本期计提的固定资产的折旧费用，借方登记因减少固定资产而转出的累计折旧。月末按照一定的方法计算出固定资产价值的损耗即折旧额时，借记有关成本费用账户，贷记“累计折旧”账户；因变卖、报废减少固定资产而转出已提折旧额时，借记“累计折旧”账户，贷记相关账户；其贷方余额表示固定资产的累计损耗的价值。在资产负债表上，该账户是作为固定资产的抵减账户来反映的。

“管理费用”账户是损益类账户，用来核算企业为组织和管理生产所发生的管理费用。如行政人员各种薪酬、行政管理部门领用的材料、管理部门固定资产折旧、修理费和办公费等。这些费用虽然是为组织和管理生产经营活动而发生的，应由产品成本负担，但它们与产品的产量无关，因此不计入成本，而是作为期间费用。管理费用本期的发生额在期末时应全部结转至“本年利润”账户。该账户的借方登记发生的各项管理费用，贷方登记期末结转的管理费用。发生各项管理费用时，借记“管理费用”账户，贷记相关账户；期末结转时借记“本年利润”账户，贷记“管理费用”账户，结转后该账户无余额。

“库存商品”账户是资产类账户，用来核算企业生产完工并验收入库可供销售的产成品的收入、发出、结存情况。该账户的借方登记库存商品的增加，贷方登记库存商品的减少。结转完工入库的产成品的实际成本时，借记“库存商品”账户，贷记“生产成本”账户；结转已售的各种产成品的实际成本时，借记相关账户，贷记“库存商品”账户；月末借方余额反映库存产成品的实际成本。

三、生产业务核算举例

【例 3-9】 南华工厂仓库发料汇总，如表 3-1 所示。

表 3-1 **仓库发料汇总表** 单位：元

项目	甲材料	乙材料	合计
产品耗用	62 400	79 980	142 380
车间一般耗用	10 400	10 000	20 400
管理部门领用	5 200	5 000	10 200
合计	78 000	94 980	172 980

仓库发出的材料应按不同的用途分别记入不同的账户。直接用于生产产品的材料，记入“生产成本”账户；用于车间一般耗费的材料，记入“制造费用”账户；管理部门的耗费，记入“管理费用”账户。表中所反映的业务一方面使原材料减少，应贷记“原材料”账户；另一方面分别使生产成本、制造费用、管理费用增加，应借记“生产成本”、“制造费用”和“管理费用”三个账户。编制会计分录如下：

(10) 领用材料时：

借：生产成本　　142 380

　　制造费用　　20 400

　　管理费用　　10 200

　贷：原材料　　172 980

【例 3-10】　南华工厂核算本月职工薪酬，工资总额 60 000 元，其中：生产工人工资 50 000 元，车间管理人员工资 3 000 元，企业管理人员工资 7 000 元；按工资总额的 50%计提职工福利、工会经费、职工教育经费、社会保险费和住房公积金等职工薪酬。

职工薪酬包括工资、职工福利、工会经费、职工教育经费、社会保险费、住房公积金等。核算职工薪酬，一方面增加负债，应贷记“应付职工薪酬”账户；另一方面增加成本费用，应按不同部门分别借记“生产成本”“制造费用”“管理费用”三个账户。编制会计分录如下：

(11) 核算职工薪酬时：

借：生产成本　　75 000

　　制造费用　　4 500

　　管理费用　　10 500

　贷：应付职工薪酬　　90 000

【例 3-11】　南华工厂从银行存款中提取现金 600 元，以备零星支出。

这项经济业务的发生，一方面使企业现金增加了 600 元，应借记“库存现金”账户；另一方面使银行存款减少了 600 元，应贷记“银行存款”账户。编制会计分录如下：

(12) 提现时：

借：库存现金　　600

　贷：银行存款　　600

【例 3-12】 以银行存款 60 000 元支付职工工资。

这项经济业务的发生，一方面使应支付给职工的工资债务减少了 60 000 元，应借记“应付职工薪酬”账户；另一方面使银行存款减少了 60 000 元，应贷记“银行存款”账户。编制会计分录如下：

（13）发放工资时：

借：应付职工薪酬	60 000	
贷：银行存款		60 000

【例 3-13】 根据权责发生制原则，南华工厂将本期耗用的固定资产价值计入本期的费用。按照规定的方法计算出本期耗用的固定资产价值即固定资产的折旧额为 45 000 元，其中：生产车间的固定资产应提折旧 40 000 元，管理部门的固定资产应提折旧 5 000 元。

这项经济业务的发生，一方面使企业的折旧费用增加，应分别记入“制造费用”和“管理费用”账户的借方；另一方面使固定资产的磨损价值即折旧增加，应记入“累计折旧”的贷方。编制会计分录如下：

（14）计提折旧时：

借：制造费用	40 000	
管理费用	5 000	
贷：累计折旧		45 000

【例 3-14】 月末，南华工厂以银行存款预付下一个年度报刊费 1 600 元，其中：车间用报刊费 600 元，管理部门用报刊费 1 000 元。根据权责发生制原则，下一个年度的报刊费应在下一个年度的各个会计期间摊销，但是，因为这笔业务摊销的金额不大，可以在款项支付时直接计入当期的相关费用账户。这项经济业务的发生，一方面使企业的管理费用增加了 1 000 元，制造费用增加了 600 元，应借记“制造费用”账户和“管理费用”账户；另一方面，使企业的银行存款减少了 1 600 元，应贷记“银行存款”账户。编制会计分录如下：

（15）预付报刊费时：

借：制造费用	600	
管理费用	1 000	
贷：银行存款		1 600

【例 3-15】 汇总本月制造费用 65 500 元，并进行结转。

制造费用是为生产产品而发生的间接费用，应计入产品的成本。由于制造费用是全部产品的共同费用，因此如果企业生产两种以上的产品，还要将制造费用按一定的标准在各产品之间进行分配（如何分配详见后面相关章节）。这里假定企业只生产一种产品，因此制造费用不用分配，直接转入“生产成本”账户的借方；制造费用转出，贷记“制造费用”账户。编制会计分录如下：

（16）结转制造费用时：

借：生产成本　　65 500

　贷：制造费用　　65 500

【例 3-16】 结转本月完工入库产品的成本。本月完工入库产品共计 520 件，总成本 265 200 元，单位产品成本 510 元。

这项业务一方面使库存产成品增加 265 200 元，应借记“库存商品”账户；另一方面将生产成本结转，应贷记“生产成本”账户。编制会计分录如下：

（17）结转生产成本时：

借：库存商品　　265 200

　贷：生产成本　　265 200

第四节　销售业务的核算

一、销售业务

销售就是企业将生产出来的产品销售出去。产品销售标志着将企业生产的产品的使用价值让渡出去，价值得以实现。让渡使用价值就是产成品要出库，价值实现就是要进行货款结算。因此，从会计角度来看，销售业务就是要结转产成品的销售成本、确认产品的销售收入、结算货款。同时，还要支付为销售而耗费的包装费、运费和广告费等销售费用并计算销售税金。

二、销售业务核算需要设置的账户

为了总括地核算销售业务，应设置“主营业务收入”、“其他业务收入”、“主营业务成本”、“其他业务成本”、“税金及附加”、“销售费用”、“应收账款”、“预收账款”和“应交税费”等账户。

“主营业务收入”账户是损益类账户，用来核算企业销售商品、提供劳务等主营业务的收入。该账户的贷方登记主营业务收入的发生，借方登记主营业务收入的转出。当确认本期实现的主营业务收入时，借记相关账户，按所确认的收入金额贷记“主营业务收入”账户；期末将该账户的余额转入“本年利润”账户时，借记“主营业务收入”账户，贷记“本年利润”账户。结转后本账户应无余额。

“其他业务收入”账户是损益类账户，用来核算企业确认的除主营业务活动以外的其他经营活动实现的收入，包括出租固定资产、销售材料等实现的收入。该账户的贷方登记其他业务收入的发生，借方登记其他业务收入的转出。当确认本期实现的其他业务收入时，借记相关账户，按所确认的收入金额贷记“其他业务收入”账户；期末将该账户的余额转入“本年利润”账户时，借记“其他业务收入”账户，贷记“本年利润”账户。结转后本账户应无余额。

“主营业务成本”账户是损益类账户，核算企业确认的销售商品、提供劳务等主营业务收入时应结转的成本。该账户借方登记本期销售各种商品、提供各种劳务等应结转的成本，贷方登记转出额。月末，根据本月销售的各种商品、提供的各种劳务等的实际成本，计算结转主营业务成本时，借记“主营业务成本”账户，贷记“库存商品”账户；期末将该账户的余额转入“本年利润”账户时，借记“本年利润”账户，贷记“主营业务成本”账户。结转后本账户应无余额。

“其他业务成本”账户是损益类账户，核算企业确认的除主营业务活动以外的其他经营活动所发生的支出，包括销售材料的成本、出租固定资产的折旧额等。该账户借方登记本期发生的其他业务成本，贷方登记转出额。月末，计算本月发生的其他业务成本时，借记“其他业务成本”账户，贷记相关账户；期末将该账户的余额转入“本年利润”账户时，借记“本年利润”账户，贷记“其他业务成本”账户。结转后本账户应无余额。

“税金及附加”账户是损益类账户，用来核算企业经营活动发生的消费税、城市维护建设税、资源税和教育费附加等相关税费。该账户借方登记按规定计算确定的与经营活动相关的税费，贷方登记转出额。企业按规定计算确定税金及附加时，借记“税金及附加”账户，贷记“应交税费”账户；期末将本账户的余额转入“本年利润”账户时，借记“本年利润”账户，贷记“税金及附加”账户。结转后本账户无余额。

“销售费用”账户是损益类账户，用来核算企业销售商品和材料、提供劳务的过程中发生的各种费用，包括保险费、包装费、展览费、广告费、运输费、装卸费等以及为销售本企业商品而专设的销售机构的职工薪酬、业务费、折旧费等经营费用。该账户的借方登记本期发生的销售费用，贷方登记转出额。企业在销售商品等过程中发生上述费用时，借记“销售费用”账户，贷记相关账户；期末，将本账户的余额转入“本年利润”账户时，借记“本年利润”账户，贷记“销售费用”账户。结转后本账户无余额。

“应收账款”账户是资产类账户，用来核算企业因销售商品、提供劳务等经营活动收取的款项。该账户借方登记应收账款的增加，贷方登记应收账款的减少。企业发生应收账款时，按应收金额借记“应收账款”账户，贷记相关账户；收回应收账款时，借记“银行存款”账户，贷记“应收账款”账户；本账户期末借方余额，反映企业尚未收回的应收账款，期末如为贷方余额，反映企业预收的账款。

“预收账款”账户是负债类账户，用来核算企业按照合同规定预收的款项。该账户贷方登记向购货单位预收的款项，借方登记销售实现冲销的预收账款。企业向购货单位预收款项时，借记“银行存款”账户，贷记“预收账款”账户；销售实现时，按实现的收入和应交的增值税销项税额，借记“预收账款”账户，贷记“主营业务收入”“应交税费”等账户；收到购货单位补付款项，借记“银行存款”账户，贷记本账户；退回多收的款项，借记本账户，贷记“银行存款”账户；本账户期末贷方余额，反映企业向购货单位预收的款项；期末如为借方余额，反映企业应由购货单位补付的款项。

三、销售业务核算举例

【例 3-17】 南华工厂向 E 公司销售产品 100 件，每件售价 660 元，产品已发出，货款尚未收到。

这项经济业务的发生，一方面表明销售收入实现 66 000 元及应收的增值税 8 580 元，应贷记“主营业务收入”账户和“应交税费”账户；另一方面表明应收销货款及增值税款 74 580 元(66 000＋8 580)，应借记“应收账款”账户。编制会计分录如下：

（18）确认商品销售收入时：

借：应收账款　　74 580

　贷：主营业务收入　　66 000

　　　应交税费　　8 580

【例 3-18】 南华工厂于本月向F公司销售产品 250 件，每件售价 700 元，产品已发出，款项已收到存入银行。

这项经济业务的发生，一方面表明销售收入实现 175 000 元及应交增值税 22 750 元，应贷记“主营业务收入”账户和“应交税费”账户；另一方面表明所售产品的货款及应收的增值税款全部存入银行，应借记“银行存款”账户 197 750 元。编制会计分录如下：

（19）确认商品销售收入时：

借：银行存款　　197 750

　贷：主营业务收入　　175 000

　　　应交税费　　22 750

【例 3-19】 南华工厂于本月按合同规定收到D公司预付货款 20 000 元，存入银行。

这项经济业务的发生，一方面表明银行存款增加 20 000 元，应借记“银行存款”账户；另一方面表明企业的预收货款增加，应贷记“预收账款”账户。编制会计分录如下：

（20）收到预收款时：

借：银行存款　　20 000

　贷：预收账款　　20 000

【例 3-20】 南华工厂于本月按合同约定向D公司发出预收货款的产品 120 件，每件售价 680 元，计 81 600 元。

这项经济业务的发生，一方面表明预收货款的销售成立，81 600 元的销售收入和 10 608 元的增值税额可以确认，应贷记“主营业务收入”账户和“应交税费”账户；另一方面表明预收货款可以冲销，由于补付的货款没有收到，这里先全额记入“预收账款”的借方。借方先多冲销 72 208 元，待补付的款项收到再冲回。编制会计分录如下：

(21) 确认商品销售收入时：

借：预收账款　　92 208

　贷：主营业务收入　　81 600

　　应交税费　　10 608

【例 3-21】 南华工厂于本月收到D公司补付的款项72 208元，存入银行。

这项经济业务的发生，一方面表明银行存款增加72 208元，应借记“银行存款”账户；另一方面表明原来多冲销的预收货款72 208元可以冲回，应贷记“预收账款”账户。编制会计分录如下：

(22) 收到货款时：

借：银行存款　　72 208

　贷：预收账款　　72 208

【例 3-22】 南华工厂出售材料一批，价值20 000元，增值税税率13%。款项收到，存入银行。

这项经济业务属于其他业务，该业务的发生一方面使银行存款增加22 600元，应借记“银行存款”账户；另一方面使其他业务收入增加20 000元，应交增值税增加2 600元，应贷记“其他业务收入”账户和“应交税费”账户。编制会计分录如下：

(23) 确认材料销售收入时：

借：银行存款　　22 600

　贷：其他业务收入　　20 000

　　应交税费　　2 600

【例 3-23】 结转已售材料的成本15 000元。

这项经济业务是将已售的原材料成本从“原材料”账户中注销，结转至“其他业务成本”账户，应借记“其他业务成本”账户，贷记“原材料”账户。编制会计分录如下：

(24) 确认材料销售成本时：

借：其他业务成本　　15 000

　贷：原材料　　15 000

【例 3-24】 南华工厂月末汇总结转本期已售产品的生产成本。

本期共销售产品470件，每件产品的成本是510元，共计239 700元。这项业务一方面使产品的销售成本增加239 700元，应借记“主营业务成本”账户；另一方面产品已售出，库存产成品减少 239 700 元，应贷记“库存商品”账户。编制会计分录如下；

（25）结转商品销售成本时：

借：主营业务成本　　239 700

　贷：库存商品　　239 700

应该指出的是，结转已售产品的成本有两种处理方法，一种是在销售时随时结转，另一种是期末汇总结转，本书采用后一种做法。

第五节　利润形成及分配业务的核算

一、利润的形成及分配

利润，是指企业在一定会计期间的经营成果，包括营业利润、利润总额和净利润。营业利润是利润总额的重要组成部分，利润总额减去所得税为企业的净利润。

为了准确地反映企业利润的形成过程，可以具体分析利润总额的构成。利润总额主要由两个部分构成，即营业利润和营业外收支。其中：营业利润是企业的经营活动形成的，是指营业收入（主营业务收入加上其他业务收入）减去营业成本（主营业务成本加其他业务成本），减去税金及附加，减去销售费用、管理费用和财务费用三项期间费用，减去资产减值损失，再加减公允价值变动损益、投资收益的金额，是企业利润的主要来源；营业外收入和营业外支出，是指企业发生的与其生产经营活动无直接关系的利得和损失。营业外收入和营业外支出应当分别核算，不得以营业外支出直接冲减营业外收入，也不得以营业外收入冲减营业外支出。由于营业外收支不是企业的日常经营活动，因而在利润中所占比重不大。

利润的计算公式可以分别表示如下：

$$\text{营业利润}=\text{营业收入}-\text{营业成本}-\text{税金及附加}-\text{销售费用}-\text{管理费用}-\text{财务费用}-\text{资产减值损失}+\text{公允价值变动收益（损失为“－”）}+\text{投资收益（损失为“－”）}$$

利润总额＝营业利润＋营业外收入－营业外支出

净利润＝利润总额－所得税费用

所得税费用＝利润总额×所得税税率

＝应纳税所得额×所得税税率

综合收益总额＝净利润＋其他综合收益的税后净额

利润实现以后，要按照规定进行利润分配。一部分以公积金的形式留归企业；一部分以利润的形式分配给投资者；剩余部分是未分配利润，保留在账上。

二、利润形成及分配业务核算需要设置的账户

为了总括地核算利润的形成及分配业务，除前面所设置的账户以外，还应设置“财务费用”、“应付利息”、“资产减值损失”、“坏账准备”、“投资收益”、“营业外收入”、“营业外支出”、“其他应收款”、“其他应付款”、“本年利润”、“所得税费用”、“利润分配”、“应付股利”和“盈余公积”等账户。

“财务费用”账户是损益类账户，用来核算企业为筹集生产经营所需资金等而发生的费用，包括利息支出（减利息收入）、汇兑损失（减汇兑收益）以及相关的手续费等。该账户借方登记财务费用的发生，贷方登记财务费用的转出。发生财务费用时，借记“财务费用”账户，贷记相关账户；期末，将本账户余额转入“本年利润”账户时，借记“本年利润”账户，贷记“财务费用”账户。结转后本账户无余额。

“应付利息”账户是负债类账户，用来核算企业按照合同约定应支付的利息。该账户贷方登记计提的尚未支付的利息，借方登记实际支付的利息。企业期末计提利息时，借记“财务费用”账户，贷记“应付利息”账户；支付利息时，借记“应付利息”账户，贷记“银行存款”账户；期末贷方余额反映企业应付未付的利息。

“资产减值损失”账户是损益类账户，用来核算企业计提各项资产减值准备所形成的损失。企业的应收款项、存货、长期股权投资、固定资产、无形资产等资产发生减值的，应按减值的金额计提减值准备，如坏账准备、存货跌价准备、固定资产减值准备等。该账户的借方登记按规定的方法计算出来的资产减值损失的金额，贷方登记已计提了减值准备的相关资产其价值又得以恢复的金额和期末结转至“本年利润”账户的金额。计提资产减值损失时，借记“资产减值损失”账户，贷记相关资产的减值准备账户，如“坏账

准备”“存货跌价准备”“固定资产减值准备”等；企业已计提了减值准备的相关资产价值又得以恢复的，应在原已计提了减值准备的金额内，按恢复增加的金额借记相关资产减值准备账户，贷记“资产减值损失”账户；期末，应将本账户余额结转至“本年利润”账户，借记“本年利润”账户，贷记“资产减值损失”账户。结转后本账户期末无余额。

“坏账准备”账户是资产类账户，用来核算应收款项的坏账准备。资产负债表日，应收款项发生减值的，按规定的方法估算出坏账的金额，按照估算的金额计提坏账准备。该账户的贷方登记计提的坏账准备和已经转销的坏账又收回的金额，借方登记转销的坏账和冲回多提的坏账准备金额。期末计提坏账准备时，借记“资产减值损失”账户，贷记“坏账准备”账户；坏账实际发生时，经批准转销应收款项时，借记“坏账准备”账户，贷记“应收账款”等账户。本账户期末贷方余额，反映企业已计提但尚未转销的坏账准备。

“投资收益”账户是损益类账户，用来核算企业确认的投资收益或投资损失。该账户贷方登记投资收益的增加，借方登记投资收益的减少。企业确认投资收益时，借记相关账户，贷记“投资收益”账户；企业记录投资损失时，借记“投资收益”账户，贷记相关账户。期末将本账户余额转入“本年利润”账户，借记或贷记“投资收益”账户，贷记或借记“本年利润”账户。结转后本账户无余额。

“营业外收入”账户是损益类账户，用来核算企业发生的与其生产经营无直接关系的各项营业外收入，包括非流动资产处置利得、盘盈利得、捐赠利得等。该账户贷方登记确认的各项营业外收入，借方登记期末转出的各项营业外收入。企业取得营业外收入时，借记相关账户，贷记“营业外收入”账户；期末，将本账户余额转入“本年利润”账户时，借记“营业外收入”账户，贷记“本年利润”账户。结转后本账户无余额。

“营业外支出”账户是损益类账户，用来核算企业发生的与其生产经营无直接关系的各项营业外支出，包括非流动资产处置损失、公益性捐赠支出、非常损失、盘亏损失等。该账户借方登记发生的各项损失，贷方登记期末转出的各项营业外损失。企业发生营业外支出时，借记“营业外支出”账户，贷记相关账户；期末，将本账户余额转入“本年利润”账户时，借记“本年利润”账户，贷记“营业外支出”账户。结转后本账户无余额。

“其他应收款”账户是资产类账户，用来核算企业除应收账款、预付账款等以外的其他各种应收、暂付款项。主要包括：应收的各种赔款、罚款，应收出租包装物租金，应向职工收取的各种垫付款项、备用金等。该账户借方登记其他应收款的增加，贷方登记其他应收款的减少。企业发生各种其他应收款项时，借记“其他应收款”账户，贷记相关账户；收回其他应收款项时，借记“库存现金”或“银行存款”账户，贷记“其他应收款”账户。本账户期末借方余额，反映企业尚未收回的其他应收款。

“其他应付款”账户是负债类账户，用来核算企业除应付账款、预收账款、应付职工薪酬、应付利息、应交税费等以外的其他各项应付、暂收的款项。主要包括：应付经营租入固定资产和包装物租金，职工未按期领取的工资，应付、暂收所属单位或个人的款项。该账户贷方登记发生的其他应付款，借方登记偿还的其他应付款。发生各种应付暂收款项时，借记相关账户，贷记“其他应付款”账户；支付时，借记“其他应付款”账户，贷记“库存现金”或“银行存款”账户；期末贷方余额，反映企业尚未支付的其他应付款项。

“本年利润”账户是所有者权益类账户，用来核算企业实现的净利润（或发生的净亏损）。该账户贷方登记转入的各项收入、收益和转出的净亏损，借方登记转入的各项成本、费用、支出和转出的净利润。期末，结转利润时，将各项收入、收益账户的余额转入本账户，借记有关收入、收益账户，贷记“本年利润”账户；将各项成本、费用、支出等账户的余额转入本账户时，借记“本年利润”账户，贷记成本、费用、支出等账户；年度终了，应将本年收入和支出相抵后结出的本年实现的净利润或产生的净亏损转入“利润分配”账户，如是净利润，则借记“本年利润”账户，贷记“利润分配”账户；如为净亏损，则贷记“本年利润”账户，借记“利润分配”账户。结转后本账户无余额。

“所得税费用”账户是损益类账户，用来核算企业确认的应从当期利润总额中扣除的所得税费用。该账户借方登记按规定计算的所得税费用，贷方登记转出的所得税费用。计算出本期应交的所得税费用时，借记“所得税费用”账户，贷记“应交税费”账户；期末，将本账户的余额转入“本年利润”账户时，借记“本年利润”账户，贷记“所得税费用”账户。结转后本账户无余额。

“利润分配”账户是所有者权益类账户，用来核算企业的利润分配（或亏损的弥补）和历年分配（或弥补）后的余额。该账户贷方登记使利润增加的事项，借方登记使利润减少的事项。按规定从净利润中提取法定盈余公积和任意盈余公积时，借记“利润分配”账户，贷记“盈余公积”账户；决定分配给投资者利润时，借记“利润分配”账户，贷记“应付利润”账户；企业用盈余公积弥补亏损时，借记“盈余公积”账户，贷记“利润分配”账户；年度终了，企业将全年实现的净利润或产生的净亏损，自“本年利润”账户转入“利润分配”账户，如果是净利润，则借记“本年利润”账户，贷记本账户；如果是净亏损，则借记本账户，贷记“本年利润”账户。年末如果是贷方余额，反映的是未分配的利润；借方余额反映的是未弥补的亏损。

“应付股利”账户是负债类账户，用来核算企业分配的现金股利或利润。该账户贷方登记应支付的现金股利或利润，借方登记实际支付的现金股利或利润。企业根据股东大会或类似机构审议批准的利润分配方案计算出应付给投资者的现金股利或利润时，借记“利润分配”账户，贷记“应付股利”账户；实际支付现金股利或利润时，借记“应付股利”账户，贷记“银行存款”等账户；期末贷方余额，反映企业应付未付的现金股利或利润。

“盈余公积”账户是所有者权益账户，用来核算企业从净利润中提取的盈余公积。该账户贷方登记提取的盈余公积，借方登记盈余公积的使用。从利润中提取盈余公积时，借记“利润分配”账户，贷记“盈余公积”账户；使用盈余公积时，借记“盈余公积”账户，贷记相关账户；期末贷方余额，反映企业盈余公积余额。

三、利润形成及分配业务核算举例

【例 3-25】 南华工厂因违约被罚款 200 元，以现金支付。

这项经济业务的发生，一方面表明现金减少 200 元，应贷记“库存现金”账户；另一方面表明这项支出与企业的生产经营没有直接关系，应作为营业外支出，借记“营业外支出”账户。编制会计分录如下：

（26）确认罚款支出时：

借：营业外支出　　200

　贷：库存现金　　200

【例 3-26】 月末，南华工厂将各损益类账户的余额转入“本年利润”账户。

月末，未结转前，各损益类账户余额如下：“主营业务收入”账户贷方余额为322 600元（66 000＋175 000＋81 600）；“其他业务收入”账户贷方余额为20 000元；“主营业务成本”账户借方余额为239 700元；“其他业务成本”账户借方余额为15 000元；“管理费用”账户借方余额为26 700元（10 200＋10 500＋5 000＋1 000）；“营业外支出”账户借方余额为200元。编制会计分录如下：

（27）将各项收入收益结转至“本年利润”账户时：

借：主营业务收入	322 600	
其他业务收入	20 000	
贷：本年利润		342 600

（28）将各项成本、费用结转至“本年利润”账户时：

借：本年利润	281 600	
贷：主营业务成本		239 700
其他业务成本		15 000
管理费用		26 700
营业外支出		200

【例3-27】 计算并结转本年度所得税额。南华工厂企业所得税税率25%。

南华工厂2018年12月份实现的利润总额为61 000元（342 600－281 600），12月初“本年利润”账户贷方余额为478 500元，即2018年度利润总额为539 500元（478 500＋61 000），企业所得税额为134 875元（539 500×25%）。这项业务一方面使应交税费增加134 875元，应贷记“应交税费”账户；另一方面使所得税费用增加134 875元，应借记“所得税费用”账户。编制会计分录如下：

（29）核算所得税费用时：

借：所得税费用	134 875	
贷：应交税费		134 875

（30）结转所得税费用时：

所得税作为费用，也应转入“本年利润”账户。

借：本年利润	134 875	
贷：所得税费用		134 875

【例3-28】 将“本年利润”账户余额转入“利润分配”账户。

“本年利润”账户最终的余额反映本年实现的累计净利润或净亏损，年度终了，要将“本年利润”账户的余额转入“利润分配”账户。这样一方面可以反映企业未分配利润或未弥补的亏损的数额，另一方面也可以结清“本年利润”账户。南华工厂本年年末“本年利润”账户为贷方余额404 625元。编制会计分录如下：

（31）将净利润转入“利润分配”账户时：

借：本年利润　　404 625

　贷：利润分配　　404 625

【例3-29】 按综合收益总额的10%提取盈余公积。南华工厂2018年度综合收益总额等于净利润。

企业要对综合收益总额进行分配，首先应按规定的比例提取法定盈余公积金。提取的金额为40 463元。这项业务一方面使盈余公积增加了40 463元，应贷记“盈余公积”账户；另一方面使利润分配增加了40 463元，应借记“利润分配”账户。编制会计分录如下：

（32）提取盈余公积时：

借：利润分配　　40 463

　贷：盈余公积　　40 463

【例3-30】 按综合收益总额的20%分配利润。

这项业务的发生，一方面使应支付的利润增加80 925元，应贷记“应付股利”账户；另一方面使利润分配增加了80 925元，应借记“利润分配”账户。编制会计分录如下：

（33）分配利润时：

借：利润分配　　80 925

　贷：应付股利　　80 925

第六节　资金退出企业的核算

资金投入企业以后，经过一定的循环和周转，有一部分资金要退出企业。资金退出企业的业务包括缴纳税费、向投资者支付现金股利或利润、偿还借款和利息，以及其他支出等。

一、缴纳税费

【例 3-31】　南华工厂以银行存款支付增值税 34 000 元。

这项业务的发生，一方面导致企业银行存款减少 34 000 元，应贷记“银行存款”账户；另一方面使应交税金减少 34 000 元，应借记“应交税费”账户。编制会计分录如下：

(34) 缴纳税款时：

借：应交税费　　34 000

　贷：银行存款　　34 000

二、偿还货款

【例 3-32】　以银行存款偿还 B 公司货款 30 000 元。

这项经济业务的发生，一方面使银行存款减少 30 000 元，应贷记“银行存款”账户；另一方面，使应付账款减少 30 000 元，应借记“应付账款”账户。编制会计分录如下：

(35) 偿还货款时：

借：应付账款　　30 000

　贷：银行存款　　30 000

三、福利费的使用

【例 3-33】　以现金支付职工困难补助 600 元。

这项业务的发生，一方面使现金减少 600 元，应贷记“库存现金”账户；另一方面使应付职工薪酬减少 600 元，应借记“应付职工薪酬”账户。编制会计分录如下：

(36) 支付职工福利费时：

借：应付职工薪酬　　600

　贷：库存现金　　600

自测题

一、简答题

1. 简述工业企业材料采购成本和固定资产原始价值所包括的内容及

核算方法。

2. 简述工业企业与其他单位款项结算方式。

3. 简述工业企业产品生产业务核算的内容。

4. 固定资产为什么要计提折旧？

5. 工业企业销售业务的核算包括哪些内容？

6. 主营业务收入和其他业务收入之间有什么区别？

7. 简述利润的构成。

8. 企业的利润分配包括哪些内容？

二、单项选择题

1. 下列各项中，登记在贷方的内容是（　　）。

A. 资产增加　　B. 负债增加　　C. 费用增加　　D. 收入减少

2. 下列各项中，体现收益类账户期末余额特点的是（　　）。

A. 借方余额　　B. 一般无余额

C. 贷方余额　　D. 有时在借方，有时在贷方

3. 下列各项中，登记在收益类账户借方的是（　　）。

A. 负债减少　　B. 收益增加　　C. 费用增加　　D. 收益转销

4. 借贷记账法下，账户的基本结构中左边称作（　　）。

A. 借方　　B. 贷方　　C. 增加方　　D. 减少方

5. 管理部门领用材料，该材料应确认为（　　）。

A. 资产增加　　B. 负债增加

C. 生产成本增加　　D. 期间费用增加

6. 购进材料未付款，该笔未付款项应确认为（　　）。

A. 资产增加　　B. 负债增加　　C. 收入增加　　D. 费用增加

7. 下列各项中，作为生产过程中各项耗费计量依据的是（　　）。

A. 可变现价值　　B. 历史成本

C. 现值　　D. 公允价值

8. “生产成本”账户期末借方余额反映的内容是（　　）。

A. 期末在产品成本　　B. 完工产品成本

C. 库存产成品成本　　D. 期末生产费用合计

9. 结转材料采购成本的会计处理应借记（　　）。

A. “原材料”账户　　B. “在途物资”账户

C. “生产成本”账户　　　　D. “制造费用”账户

10. 期末结转已售产品成本时，应借记的账户是（　　）。

A. “主营业务收入”　　　　B. “主营业务成本”

C. “库存商品”　　　　D. “本年利润”

11. 下列各项中，反映营业外支出特点的是（　　）。

A. 与企业经营相联系的耗费

B. 与企业经营不相关的耗费

C. 为实现营业收入而产生的耗费

D. 为实现营业外收入而产生的耗费

12. “本年利润”账户贷方余额表示的是（　　）。

A. 利润分配额　　　　B. 未分配利润额

C. 累计净利润额　　　　D. 累计净亏损额

13. 下列项目中，属于营业外收入的是（　　）。

A. 销售产品的收入　　　　B. 投资的收益

C. 出租固定资产的收入　　　　D. 收取的罚款的收入

14. 下列各项中，表示年末结转后“利润分配”账户的贷方余额的是（　　）。

A. 未弥补的亏损　　　　B. 未分配的利润

C. 利润总额　　　　D. 利润分配总额

15. 下列项目中，不属于产品制造成本构成要素的是（　　）。

A. 制造产品耗费的材料　　　　B. 生产工人的薪酬

C. 生产设备的折旧　　　　D. 厂部管理人员的薪酬

16. 下列项目中，不属于销售费用的是（　　）。

A. 购进材料运杂费　　　　B. 销售产品运杂费

C. 产品包装费　　　　D. 产品广告费

17. 下列项目中，不属于营业利润构成要素的是（　　）。

A. 营业收入　　　　B. 营业成本

C. 管理费用　　　　D. 营业外收入

18. 下列项目中，用于计提资产减值准备的原则是（　　）。

A. 权责发生制原则　　　　B. 谨慎性原则

C. 历史成本原则　　　　D. 收入费用配比原则

19. 购买的原材料，当其验收入库后，其实际成本应记入的账户是（　　）。

A. “在途物资”　　B. “原材料”

C. “库存商品”　　D. “工程物资”

20. 车间管理人员工资应该记入的账户是（　　）。

A. “管理费用”　　B. “制造费用”

C. “生产成本”　　D. “销售费用”

21. 下列各项中，一定与“本年利润”账户的贷方对应的账户是（　　）。

A. “管理费用”　　B. “主营业务收入”

C. “投资收益”　　D. “应交税费”

22. 下列项目中，不属于管理费用的是（　　）。

A. 车间管理人员工资　　B. 厂部管理人员工资

C. 厂部耗用材料　　D. 厂部办公用房的租金

23. 下列各项中，常与“主营业务成本”账户的借方相对应的账户是（　　）。

A. “在途物资”　　B. “库存商品”

C. “原材料”　　D. “应交税费”

24. 通过银行收到销货款62 000元，其中属于上月应收12 000元，本月应收40 000元，预收下月10 000元。在权责发生制下，本月的收入应为（　　）元。

A. 50 000　　B. 62 000

C. 40 000　　D. 52 000

三、多项选择题

1. 下列各项中，构成工业企业主要经济业务的有（　　）。

A. 采购业务　　B. 生产业务

C. 销售业务　　D. 利润形成和分配业务

2. 购进材料时，与借记“在途物资”账户相对应的贷记账户有（　　）。

A. “银行存款”　　B. “应付账款”

C. “预付账款”　　D. “预收账款”

3. 下列各项中，构成材料采购成本要素的有（　　）。

A. 支付的材料货款　　B. 发生的各项采购费用

C. 采购材料占用资金的利息　　D. 生产中消耗

4. 企业预付材料价款的会计处理可能涉及的内容有（　　）。

A. “预付账款”账户借方　　B. “银行存款”账户贷方

C. “应付账款”账户借方　　D. “预收账款”账户贷方

5. 下列各项中，构成管理费用核算内容的有（　　）。

A. 厂部人员薪酬　　B. 厂部设备折旧

C. 广告费用　　D. 销售人员薪酬

6. 下列各项中，属于“应付职工薪酬”账户期末余额可能出现的情况有（　　）。

A. 无余额　　B. 借方余额

C. 贷方余额　　D. 支付给职工的工资

7. 下列各项中，属于“营业外收入”账户核算内容的有（　　）。

A. 固定资产盘盈利得　　B. 接受捐赠利得

C. 出售材料收入　　D. 固定资产处置利得

8. 下列各项中，属于“营业外支出”账户核算内容的有（　　）。

A. 固定资产盘亏损失　　B. 公益性捐赠支出

C. 非常损失　　D. 业务招待费

9. 下列各项中，属于企业利润分配形式的有（　　）。

A. 以利润的形式分配给投资者　　B. 提取盈余公积金

C. 以所得税的形式缴纳　　D. 未分配的利润留给企业

10. 下列各项中，应于期末结转到“本年利润”账户借方的账户有（　　）。

A. “主营业务收入”　　B. “主营业务成本”

C. “所得税费用”　　D. “销售费用”

11. 销售产品时，与“主营业务收入”有对应关系的账户有（　　）。

A. “银行存款”　　B. “应收账款”

C. “库存商品”　　D. “预收账款”

12. 下列各项中，属于期间费用账户的有（　　）。

A. “财务费用”　　B. “管理费用”

C.“制造费用”　　D.“销售费用”

13. 经济业务与会计要素、会计等式的关系可以表述为（　　）。

A. 任何经济业务的发生至少要影响会计要素的两个具体项目发生增减变化

B. 经济业务的发生不会破坏会计等式的平衡关系

C. 只有涉及会计等式两边的经济业务才会引起资金总额的变化

D. 只涉及会计等式一边的经济业务不会引起资金总额的变化

14.“生产成本”账户的借方应登记（　　）。

A. 间接材料耗费　　B. 直接人工费用

C. 分配计入的制造费用　　D. 直接材料费用

15. 下列经济业务中，发生会引起资金总额变化的有（　　）。

A. 销售产品，款未收　　B. 以银行存款支付办公费

C. 以银行存款偿还购货欠款　　D. 收到投资者投入的无形资产

16. 下列各项中，属于“利润分配”账户核算内容的有（　　）。

A. 提取盈余公积　　B. 转增资本

C. 分配给投资者利润　　D. 核算所得税费用

17. 下列各项中，属于企业销售过程中所使用账户的有（　　）。

A.“税金及附加”　　B.“应收账款”

C.“应收票据”　　D.“销售费用”

18.“在途物资”账户的借方应登记（　　）。

A. 材料买价　　B. 材料的增值税

C. 材料的运费　　D. 材料仓库保管人员的工资

19. 下列支出中，应当在“营业外支出”账户核算的有（　　）。

A. 固定资产盘亏　　B. 销售材料的成本

C. 处理固定资产净损失　　D. 非常损失

20.“销售费用”的内容包括（　　）。

A. 销售过程中的保险费　　B. 销售广告费

C. 销售网点人员工资　　D. 销售网点办公经费

21. 企业用银行存款归还短期借款 300 元，对于这项经济业务，下列说法中正确的有（　　）。

A. 这项经济业务涉及资产类和负债类账户

B. 这项业务引起资产增加、负债减少

C. 在“银行存款”账户借方登记300元

D. 在“短期借款”账户借方登记300元

22.“生产成本”账户借方登记（　　）。

A. 本期发生的直接费用

B.“制造费用”账户分配转入的间接费用

C. 本期完工产品的生产成本

D. 期末未完工的在产品的成本

23. 期末结转已销产品的生产成本时应（　　）。

A. 借记“主营业务收入”账户　　B. 借记“主营业务成本”账户

C. 借记“本年利润”账户　　D. 贷记“库存商品”账户

24. 期末结转到“本年利润”账户借方发生额的账户有（　　）。

A.“其他业务收入”　　B.“其他业务成本”

C.“税金及附加”　　D.“管理费用”

25. 下列说法中正确的有（　　）。

A. 企业支付职工工资，应借记“应付职工薪酬”账户

B. 对应付的工资应按其用途分配计入有关费用、成本账户

C.“应付职工薪酬”作为负债类账户，不可能有借方余额

D.“应付职工薪酬”贷方余额表示当月未付的工资总额

四、判断题

1.“生产成本”账户属于成本类账户，故期末没有余额。（　　）

2. 生产车间用生产设备计提折旧时，应借记“生产成本”账户，贷记“固定资产”账户。（　　）

3. 预收销售款时，可将其直接作为销售收入入账。（　　）

4. 所得税费用是一项费用。（　　）

5. 制造费用和管理费用都是本期发生的生产费用，因此，均应计入当期损益。（　　）

6.“累计折旧”账户的期末余额在贷方，表示现有固定资产已提的累计折旧。（　　）

7. 生产车间为组织和管理生产产品而发生的各项间接费用，可计入管理费用。（　　）

8. 营业外收入与营业外支出应该配比。（　　）

9. 企业对行政管理机关所发生的办公费、水电费、材料消耗须按一定比例计入各产品成本中去。（　　）

10. “管理费用”、“财务费用”及“销售费用”等账户的期末余额应转入“主营业务成本”账户。（　　）

11. “本年利润”账户的年终余额应转入“利润分配”账户。（　　）

12. 企业对实现的利润进行分配时，可以直接在“本年利润”账户的借方反映利润分配的实际数，也可以单独设置“利润分配”账户反映利润分配的数额。（　　）

五、核算题

1. A 工厂 2018 年 12 月份发生业务如下：

（1）企业收到甲公司投入资金 150 000 元，款项存入银行。

（2）企业从银行取得 3 个月期限的借款 20 000 元，款项存入银行。

（3）采购员李红预支差旅费 900 元，以现金支付。

（4）购进设备一台，价款 35 000 元，增值税税率 13%，款项以银行存款支付。

（5）购进甲材料 5 000 千克，每千克单价 8.6 元，增值税税率 13%，款项尚未支付，材料已验收入库。

（6）预付乙材料货款 1 200 元。

（7）企业收到预付货款的材料 1 000 千克，并验收入库。该批材料的货款总计 8 000 元，增值税税率 13%，除冲销原预付的货款 1 200 元以外，以银行存款支付其余的款项。

要求：根据上述业务编制会计分录。

2. A 工厂 2018 年 12 月份发生业务如下：

（1）生产车间领用材料进行生产，其中甲材料 4 800 千克，每千克 9 元；乙材料 2 500 千克，每千克 7.8 元。

（2）以现金预付下一个年度的书报费 1 200 元。

（3）采购员李红出差归来，报销差旅费 800 元，余款交回。

（4）核算本月职工薪酬，工资总额为 62 000 元，其中：生产工人工资 50 000 元，车间管理人员工资 2 000 元，厂部管理人员工资 10 000 元；按工资总额的 50%计提社会保险费等。

(5) 计提本月固定资产折旧，车间使用的固定资产折旧 7 500 元，管理部门使用的固定资产折旧 1 400 元。

(6) 将上述制造费用转入生产成本。

(7) 结转本月完工入库的产品成本，本月投产的产品 300 件，全部完工入库，按实际成本转账。

要求：按上述业务编制会计分录。

3. A 工厂 2018 年 12 月份发生下列与销售有关的业务：

(1) 销售产品 120 件，每件售价 600 元，增值税税率 13%，款项已收到，存入银行。

(2) 销售产品 90 件，每件售价 610 元，增值税税率 13%，款项尚未收到。

(3) 以银行存款支付产品的广告费 3 000 元。

(4) 预收 C 公司购买本企业产品的货款 12 000 元，存入银行。

(5) 出售甲材料 100 千克，每千克成本 8.6 元，售价 11 元，货款已收存银行，增值税税率 13%。

(6) 向 C 公司发出预收货款的产品 80 件，每件产品售价 580 元，货款总计 46 400 元，增值税税率 13%。

(7) 收到 C 公司补付的款项存入银行。

(8) 以银行存款支付罚款 700 元。

(9) 结转上述已售产品的成本，每件产品的成本为 437 元。

要求：根据上述业务编制会计分录。

CHAPTER

4 第四章 账户分类

账户是会计核算的基本元素。每一个账户都有其特定的核算内容、性质和结构，它们虽然是被分别加以使用的，但并不是彼此孤立的，而是相互联系地组成了一个完整的账户体系。为了更好地掌握账户的性质和应用，有必要对账户进行适当的分类，在了解各个账户特性的基础上，概括它们的共性，了解账户之间的内在联系，掌握各类账户在提供核算指标方面的规律性。第二章已经对账户按经济内容的分类作了介绍，本章主要说明账户按提供核算指标的详细程度的分类与按用途和结构的分类。

第一节 账户按反映内容的详细程度分类

账户是根据科目开设的。会计科目按照提供核算指标的详细程度分类，分为总分类科目和明细分类科目。与此相应，账户按其所反映内容的详细程度分类，也应分为总分类账户和明细分类账户。

一、总分类核算与明细分类核算的意义

总分类账户所进行的总分类核算，是总括反映每项经济业务的基本内容，一般只能用货币指标。在会计工作中，正确组织总分类核算，是全面反映会计对象和加强经营管理的需要。通过总分类账户所反映的核算资料，才能概括了解和全面控制资本运动，有利于促进整个企业生产经营的发展。

只有总分类核算所提供的资料，对于深入、具体地了解企业的详细情况还是不够的。这是因为：第一，总分类账户所反映的内容不够详细、具体。如材料增加，我们只知道材料增加了，却不知道增加的是什么材料。一个企业要组织生产，所需要的材料很多，可能一种材料急需，另一种材料却有积压。为了加强企业的管理，会计核算就不仅应该只提供总括信息，还应该提供尽可能详细的信息。第二，总分类账户所反映的只有货币指标，只限于价值核算，这在管理上也有局限性，比如财产物资，如果只有金额核算而没有数量上的核算，是无法管好和用好的。

因此，在会计核算中，除了应运用总分类账户正确地组织总分类核算、提供总括反映经济内容的各种货币指标以外，还应运用明细分类账户合理地组织明细分类核算，其中，财产物资的明细分类核算还应提供必要的数量指标。

二、总分类账户与明细分类账户的设置

总分类账户应根据总分类科目来设置，即按照资产、负债、所有者权益、收入、费用、利润六要素的具体分类项目设置。明细分类账户则是根据每一个总分类账户所核算的内容，按照其详细的类别来设置。如工业企业的“原材料”账户应按材料的保管地点（仓库）、类别、品种和规格设置材料明细账，用以反映原材料的各种具体、详细的情况。如果企业的规模较大、业务较多，或者某项业务的核算比较复杂，其明细分类账户还可以设置成两级，介于总分类账户和明细分类账户之间的账户被称为“二级账户”，而更为详细具体的明细账户被称为“明细账户”或“三级账户”。

一个总分类账户设不设明细账户、设几级明细账户要从实际出发。大多数总分类账户都可以分别设置这样或那样的明细分类账户。为了提供统一的明细核算指标，《企业会计准则——应用指南》对有些明细账户规定了如何设置，如应交增值税的核算；对另一些明细账户则只规定了设置的要求，并未具体规定设什么明细账户。设置明细分类账户的原则是既要满足管理的需要，又要力求简化核算手续。

总分类账户和明细分类账户的关系是统驭与被统驭的关系。明细分类账户是在总分类账户的基础上建立的，是对总分类账户的具体说明，处于从属地位。总分类账户统驭、控制明细分类账户，有什么总分类账户才有

什么明细分类账户，明细账户不能脱离总分类账户来设置。

下面结合前面介绍的总分类账户具体说明其明细账户的设置。

“库存现金”和“银行存款”账户可以通过“现金日记账”和“银行存款日记账”进行明细核算。

“交易性金融资产”账户可按交易性金融资产的类别和品种进行明细核算。

“应收账款”和“应付账款”账户可分别按债务人和债权人进行明细核算。

“其他应收款”和“其他应付款”账户可分别按其项目或对方单位（或个人）进行明细核算。

“预付账款”和“预收账款”账户可分别按供货单位和购货单位进行明细核算。

“在途物资”账户可按材料的类别、品种和规格等进行明细核算。

“原材料”账户可按材料的保管地点（仓库）、类别、品种和规格等进行明细核算。

“库存商品”账户可按库存商品的种类、品种和规格进行明细核算。

“长期股权投资”账户可按被投资单位进行明细核算。

“固定资产”和“累计折旧”账户可按固定资产的类别和项目进行明细核算。

“无形资产”和“累计摊销”账户可按无形资产项目进行明细核算。

“待处理财产损溢”账户可按盘盈、盘亏的资产种类和项目进行明细核算。

“短期借款”账户可按借款种类、贷款人和币种进行明细核算。

“应付职工薪酬”账户可按“工资”“职工福利”“工会经费”“职工教育经费”“社会保险费”“住房公积金”等设置专栏进行明细核算。

“应交税费”账户可按应交税费的税费项目进行明细核算，应交增值税还应分别“进项税额”“已交税金”“销项税额”“进项税额转出”等设置专栏进行明细核算。

“应付利息”账户可按债权人进行明细核算。

“应付股利”账户可按投资者进行明细核算。

“长期借款”账户可按贷款单位和贷款种类，分别“本金”“利息调整”等进行明细核算。

“实收资本”账户可按投资者进行明细核算。

“资本公积”账户应当分别按“资本溢价（股本溢价）”“其他资本公积”进行明细核算。

“盈余公积”账户应当分别按“法定盈余公积”“任意盈余公积”进行明细核算。

“利润分配”账户应当分别按“提取法定盈余公积”“提取任意盈余公积”“应付现金股利或利润”“转作股本的股利”“盈余公积补亏”“未分配利润”等进行明细核算。

“生产成本”账户可按“基本生产成本”和“辅助生产成本”进行明细核算。基本生产成本应当分别按照基本生产车间和成本核算对象（产品的品种、类别、订单、批别、生产阶段等）设置明细账（或成本计算单），并按照规定的成本项目设置专栏。

“制造费用”账户可按不同的生产车间、部门和费用项目进行明细核算。

“主营业务收入”和“主营业务成本”账户可按主营业务的种类进行明细核算。

“其他业务收入”和“其他业务成本”账户可按其他业务的种类进行明细核算。

“投资收益”账户可按投资项目进行明细核算。

“营业外收入”账户可按营业外收入项目进行明细核算。

“税金及附加”账户可按税费种类进行明细核算。

“销售费用”、“管理费用”和“财务费用”账户可按费用项目进行明细核算。

“资产减值损失”账户可按资产减值损失的项目进行明细核算。

“营业外支出”账户可按支出项目进行明细核算。

“所得税费用”账户可按“当期所得税”和“递延所得税”进行明细核算。

第二节　账户按用途和结构分类

账户的用途是指账户能够提供哪些核算指标，也就是开设账户的目的。账户的结构是指在账户中怎样记录经济业务，也就是账户的借方与贷方登记的内容、余额的方向及表示的内容。按账户的用途和结构分类是必要的，与账户按经济内容分类不同，它可以使我们明确各个账户的使用方法和具体作用。如“固定资产”和“累计折旧”账户，按经济内容分类，它们同属于资产类；但按照用途和结构分类，则分别属于盘存账户和调整账户。

账户按用途和结构可以分为九类，即盘存账户、结算账户、资本账户、调整账户、集合分配账户、成本计算账户、收入账户、费用账户和财务成果账户。

一、盘存账户

盘存账户是用来核算、监督可以进行盘点的各种财产物资和货币资金增减变动及实存数额的账户。盘存账户借方登记各种货币资金和财产物资的增加数；贷方登记各种货币资金和财产物资的减少数；余额在借方，表示各种货币资金和财产物资的结存数额。盘存账户的结构如图 4-1 所示。

盘存账户

借方	贷方
期初余额：货币资金、财产物资结存额 发生额：本期货币资金、财产物资增加额	发生额：本期货币资金、财产物资减少额
期末余额：货币资金、财产物资结存额	

图 4-1

属于盘存账户的主要有“库存现金”、“银行存款”、“原材料”、“库存商品”和“固定资产”等账户。这类账户的特点是：①可以通过财产清查的方法，检查账面结存数是否与实存数相符，从而发现管理中出现的问题；②财产物资的明细账除了提供价值指标以外，还应提供数量指标。

二、结算账户

结算账户是用来核算和监督企业同其他单位或个人之间的债权、债务结算关系的账户。由于结算业务的性质不同，结算账户具有不同的用途和结构。按照账户的具体用途和结构，结算账户可以分为债权结算账户、债务结算账户、债权债务结算账户三类。

（一）债权结算账户

债权结算账户是专门用来核算、监督企业同各个债务单位或个人之间的债权结算的账户。这类账户的借方登记债权（应收或预付款项）的增加数，贷方登记债权的减少数，其余额一般在借方，表示期末尚未收回的债权。债权账户的结构如图 4-2 所示。

债权结算账户

借方	贷方
期初余额：债权的期初实有额 发生额：本期债权的增加额	发生额：本期债权的减少额
期末余额：债权的期末实有额	

图 4-2

属于债权结算账户的主要有“应收账款”、“预付账款”和“其他应收款”等账户。

（二）债务结算账户

债务结算账户是专门用来核算和监督企业同各个债权单位或个人之间的结算业务的账户。这类账户的贷方登记债务（借入款项、应付款项或预收款项）的增加数，借方登记债务的减少数，其余额一般在贷方，表示尚未偿还的债务的实有数。债务结算账户的结构如图 4-3 所示。

债务结算账户

借方	贷方
发生额：本期债务的减少额	期初余额：债务的期初实有额 发生额：本期债务的增加额
	期末余额：债务的期末实有额

图 4-3

属有债务结算账户的主要有“应付账款”、“其他应付款”、“短期借款”和“预收账款”等账户。

（三）债权债务结算账户

债权债务结算账户是用来核算、监督企业同其他单位或个人之间的往来结算业务的账户。某些与企业经常发生业务往来的单位，有时是企业的债权人，有时又是企业的债务人。《企业会计准则——应用指南》规定，预付账款不多的企业，可以将预付账款直接记入“应付账款”账户的借方，这样“应付账款”账户同时核算和监督应付账款和预付账款的增减变动情况，从而成为一个债权债务结算账户。同样，预收账款不多的企业也可以将预收账款直接记入“应收账款”账户的贷方，这样，“应收账款”账户同时核算和监督应收账款和预收账款的增减变动情况，也是债权债务结算账户。对于债权债务类结算账户，其所属明细分类账的借方余额之和与贷方余额之和的差额，应当与有关的总分类账户的余额相等。债权债务结算账户的结构如图 4-4 所示。

债权债务结算账户

借方	贷方
期初余额：债权大于债务的差额 发生额：本期债权的增加额 本期债务的减少额	期初余额：债务大于债权的差额 发生额：本期债务的增加额 本期债权的减少额
期末余额：债权大于债务的差额	期末余额：债务大于债权的差额

图 4-4

由于债权债务结算账户属于双重性质的账户，其借方余额或贷方余额只表示债权和债务增减变动后的差额，并不反映企业债权、债务的实际余额。因此，对于这类账户，在编制资产负债表时，应根据总分类账户所属明细分类账户余额的方向来分析、判断余额的性质是资产还是负债，以便真实反映企业债权债务的实际情况。

三、资本账户

资本账户是用来核算和监督企业资本金或所有者权益的账户。这类账户的贷方登记各项资本金的增加数，借方登记各项资本金的减少数，其余额在贷方，表示各项资本金的实有数额。资本账户的结构如图 4-5 所示。

资本账户

借方	贷方
	期初余额：期初结存的资本金实有额
发生额：本期资本金的减少额	发生额：本期资本金的增加额
	期末余额：期末结存的资本金实有额

图 4-5

属于资本账户的有“实收资本”、“资本公积”、“盈余公积”和“未分配利润”等账户。

四、调整账户

调整账户是用来调整被调整账户的账面余额以求得该账户的实际余额而设置的账户。在会计核算中，某些会计要素的具体项目，由于管理或其他方面的原因，需要对同一项目设置两个账户，用两种数字从不同的两个方面进行反映。其中一个账户反映原始数字，叫被调整账户；另一个账户反映对原始数字的调整数字，叫调整账户。将原始数字同调整数字相加或相减，就可以求得被调整后的实际余额，以满足信息使用者的需要。

调整账户按其调整方式的不同，可以分为抵减账户、附加账户和抵减附加账户三类。

（一）抵减账户

抵减账户是用来抵减被调整账户的余额，以求得被调整账户的实际余额的账户。其调整方式用公式表示为：

被调整账户余额－抵减账户余额＝被调整账户实际余额

被调整账户的余额与抵减账户的余额方向必定相反，如果被调整账户的余额在借方（或贷方），则抵减账户的余额一定在贷方（或借方）。比如，“累计折旧”账户是“固定资产”账户的抵减账户。固定资产账户的期末借方余额，表示固定资产的原始价值；“累计折旧”账户的期末贷方余额，表示固定资产的累计折旧额，两者相抵，即可求得固定资产的净值。而通过“固定资产”账户与“累计折旧”账户余额的对比分析，可以了解固定资产的新旧程度。这两个账户之间的关系及其抵减方式如图 4-6 所示。

固定资产

借方		贷方	
期末余额	1 000 000		

累计折旧

借方		贷方	
		期末余额	200 000

图 4-6

表中：

固定资产原始价值	1 000 000
减：累计折旧	200 000
固定资产净值	800 000

（二）附加账户

附加账户是用来增加被调整账户的余额，以求得被调整账户的实际余额的账户。其调整方式用公式表示为：

被调整账户余额＋附加账户余额＝被调整账户实际余额

被调整账户的余额与附加账户的余额一定在相同的方向。如果被调整账户的余额在借方（或贷方），则附加账户的余额也一定在借方（或贷方）。两者之间的关系及附加方式如图 4-7 所示。

被调整账户

借方	贷方
余额：某项经济活动的原始数据	

附加账户

借方	贷方
余额：某项经济活动的附加数据	

被调整账户

借方	贷方
	余额：某项经济活动的原始数据

附加账户

借方	贷方
	余额：某项经济活动的附加数据

图 4-7

（三）抵减附加账户

抵减附加账户是既用来抵减又用来增加被调整账户的余额，以求得被调整账户的实际余额的账户。这类账户兼有抵减账户与附加账户的功能，但不能同时起双重作用。该账户是起抵减作用还是起附加作用，取决于它的余额是否与被调整账户的余额方向一致：当余额与被调整账户的余额方向相反时，其调整方式与抵减账户相同，起抵减账户的作用；当其余额与被调整账户的余额方向相同时，其调整方式与附加账户相同，起附加账户的作用。如："材料成本差异"账户，如果期末余额在借方反映企业库存材料的实际成本大于计划成本的差异，是"原材料"账户的附加账户；如果期末余额在贷方，反映企业库存材料的实际成本小于计划成本的差异，是"原材料"账户的抵减账户。

五、集合分配账户

集合分配账户是用来汇集和分配经营过程中某一阶段所发生的费用，并按一定的标准分配计入有关成本计算对象的账户。设置集合分配账户的目的，是核算和监督有关费用计划的执行情况和费用的分配情况。集合分配账户的借方登记费用的发生数，贷方登记费用的分配数，在一般情况下没有期末余额，因为本期发生的费用一般应于期末全部分配出去，如"制造费用"账户就是这类账户。其借方登记、汇集企业在经营过程中发生的不能直接计入某个成本计算对象，而应由各个成本计算对象共同负担的间接费用，然后按照一定标准分配，从贷方转出计入各个成本计算对象，由有关的成本计算对象负担。集合分配账户的结构如图 4-8 所示。

集合分配账户

借方	贷方
发生额：本期各种费用的发生额	发生额：分配到各成本计算对象的费用数额

图 4-8

六、成本计算账户

成本计算账户是用来核算和监督经营过程中某一阶段所发生的全部费用，并据以计算、确定各个成本计算对象的实际成本的账户。这类账户的借方登记经营过程中某个阶段所发生的应计入成本的全部费用，贷方登记转出已完成某个阶段的成本计算对象的实际成本；期末如有余额，一定在借方，表示尚未完成某个阶段的成本计算对象的实际成本。成本计算账户的结构如图 4-9 所示。

成本计算账户

借方	贷方
期初余额：期初尚未完成某个阶段的成本计算对象的实际成本 发生额：归集经营过程某个阶段所发生的全部费用额	发生额：结转已完成某个经营阶段的成本计算对象的实际成本
期末余额：尚未完成该阶段的成本计算对象的实际成本	

图 4-9

属于成本计算账户的有“生产成本”账户和“在途物资”账户。

七、收益账户

收益账户是用来核算和监督企业在一定期间所发生的各项收入、收益，以计算本期的财务成果的账户。这类账户的贷方归集本期各项收入、收益的发生数；借方登记各项收入、收益的转出数。结转后，这类账户无期末余额。该类账户的结构如图 4-10 所示。

收益账户

借方	贷方
发生额：各项收入、收益的转出数	发生额：各项收入、收益的发生数

图 4-10

属于收益账户的有“主营业务收入”、“其他业务收入”和“营业外收入”等账户。

八、费用账户

费用账户是用来核算和监督企业在一定期间内所发生的各项成本、费用、支出，以计算本期的财务成果的账户。这类账户的借方归集本期各项成本、费用、支出的发生数；贷方登记各项成本、费用、支出的转出数；结转后，这类账户无期末余额。该类账户的结构如图 4-11 所示。

费用账户

借方	贷方
发生额：各项成本、费用、支出发生数	发生额：各项成本、费用、支出的转出数

图 4-11

属于费用账户的主要有“主营业务成本”、“税金及附加”、“其他业务成本”、“销售费用”、“管理费用”、“财务费用”、“资产减值损失”、“营业外支出”和“所得税费用”等账户。

九、财务成果计算账户

财务成果计算账户是用来核算和监督企业在一定时期内财务成果的形成，计算最终成果的账户。这类账户的贷方登记一定时期内转入的主营业务收入、其他业务收入和营业外收入；借方登记一定时期内转入的主营业务成本、税金及附加、其他业务成本、期间费用、营业外支出和所得税费用。期末将借贷发生额进行比较，就可以得出本期的最终财务成果，如为贷方余额，表示本期实现的利润；如为借方余额，表示本期发生的亏损。这类账户的结构如图 4-12 所示。

财务成果计算账户

借方	贷方
发生额：反映转入的计算期间的各项成本、费用和支出和转出的各项收入	发生额：反映转入的计算期间的各项收入和转出的各项成本费用支出
期末余额：亏损净额	期末余额：利润净额

图 4-12

属于财务成果计算账户的有“本年利润”账户。

自测题

一、名词解释

1. 明细分类账户　2. 盘存账户　3. 结算账户
4. 资本账户　5. 调整账户　6. 抵减账户
7. 附加账户　8. 抵减附加账户　9. 集合分配账户
10. 成本计算账户　11. 收益账户　12. 费用账户
13. 财务成果计算账户

二、简答题

1. 设置总分类账户和明细分类账户的意义是什么？
2. 总分类账户和明细分类账户的关系是什么？
3. 账户按用途和结构如何分类？
4. 简述调整账户、集合分配账户、成本计算账户、财务成果计算账户所包括的账户名称、核算内容及登记方法。
5. 简述账户三种不同的分类。

三、单项选择题

1. 下列项目中，属于盘存账户的是（　　）。
A.“本年利润”账户　B.“实收资本”账户
C.“在途物资”账户　D.“固定资产”账户

2. 下列各项中，属于抵减账户的是（　　）。
A.“累计折旧”账户　B.“盈余公积”账户
C.“营业外支出”账户　D.“财务费用”账户

3.“银行存款”账户属于（　　）。
A. 结算账户　B. 收益账户
C. 财务成果计算账户　D. 盘存账户

4.“应付职工薪酬”账户属于（　　）。
A. 结算账户　B. 费用账户
C. 跨期摊提账户　D. 集合分配账户

5. 若“应收账款”账户余额为 10 000 元（借方），“坏账准备”账户余额为 200 元（贷方），则应收账款的实际金额为（　　）元。

A. 10 200　　B. 9 800

C. 10 000　　D. 200

6. 某企业 5 月底“固定资产”账户余额为 40 000 元（借方）。“累计折旧”账户余额为 10 000 元（贷方），则本年度截止 5 月底（　　）。

A. 固定资产净值为 30 000 元

B. 固定资产的原始价值为 30 000 元

C. 固定资产净值为 50 000 元

D. 固定资产的原始价值为 50 000 元

7. “坏账准备”账户属于（　　）。

A. 结算账户　　B. 盘存账户

C. 调整账户　　D. 余额可能在借方或贷方

8. 下列各项中，属于成本计算账户的是（　　）。

A. “主营业务成本”账户　　B. “销售费用”账户

C. “在途物资”账户　　D. “管理费用”账户

9. 按账户的经济内容分类，“累计折旧”账户属于（　　）。

A. 资产账户　　B. 负债账户

C. 损益计算账户　　D. 调整账户

10. “应收账款”账户的抵减账户是（　　）。

A. “固定资产”账户　　B. “预收账款”账户

C. “坏账准备”账户　　D. “预付账款”账户

11. 通过“累计折旧”账户对“固定资产”账户进行调整，反映固定资产的（　　）。

A. 原始价值　　B. 折旧额

C. 净值　　D. 增加价值

12. “材料成本差异”账户按用途和结构分类，属于（　　）。

A. 盘存账户　　B. 抵减账户

C. 附加账户　　D. 抵减附加账户

13. 结算账户的期末余额（　　）。

A. 在借方　　B. 在贷方

C. 可能在借方，也可能在贷方　　D. 为 0

14. 用来反映和监督企业生产经营过程中某一阶段所发生的、应计入成本的全部费用，并确定各个成本计算对象的实际成本的账户是（　　）。

A. 集合分配账户　　B. 费用账户

C. 成本计算账户　　D. 资本账户

15. 下列账户按用途和结构分类，不属于费用账户的是（　　）。

A. “管理费用”账户　　B. “财务费用”账户

C. “销售费用”账户　　D. “制造费用”账户

16. 不单独设置“预付账款”的企业，发生预付货款业务时，应记入的账户是（　　）。

A. “应付账款”账户　　B. “应收账款”账户

C. “预收账款”账户　　D. “其他应付款”账户

17. “预收账款”账户按用途和结构分类，属于（　　）。

A. 债权结算账户　　B. 债务结算账户

C. 债权债务结算账户　　D. 负债账户

18. 在下列所有者权益账户中，反映所有者原始投资的账户是（　　）。

A. “实收资本”账户　　B. “盈余公积”账户

C. “本年利润”账户　　D. “利润分配”账户

19. 下列账户中，不属于债务结算账户的是（　　）。

A. “应付账款”账户　　B. “预付账款”账户

C. “预收账款”账户　　D. “短期借款”账户

20. 下列账户中，属于财务成果账户的是（　　）。

A. “主营业务收入”账户　　B. “营业外收入”账户

C. “本年利润”账户　　D. “利润分配”账户

四、多项选择题

1. 调整账户与被调整账户的关系，可能有（　　）。

A. 结构相同　　B. 用途相同

C. 余额方向相反　　D. 余额方向相同

2. 下列账户中，不属于集合分配账户的有（　　）。

A. “管理费用”账户　　B. “在途物资”账户

C. “生产成本”账户　　D. “制造费用”账户

3. 账户按用途和结构分类，“坏账准备”的被调整账户有（　　）。

A. 应收账款　　B. 其他应收款

C. 预付账款　　D. 应付账款

4. 盘存账户（　　）。

A. 借方登记增加数　　B. 贷方登记减少数

C. 余额总是在借方　　D. 属于资产类账户

5. 账户按用途和结构分类，下列各项中属于结算账户的有（　　）。

A.“应收账款”账户　　B.“长期借款”账户

C.“预付账款”账户　　D.“银行存款”账户

6. 下列各项中需要在期末结转到“本年利润”账户的有（　　）。

A.“生产成本”账户　　B.“主营业务成本”账户

C.“制造费用”账户　　D.“其他业务成本”账户

7. 被调整账户所反映的具体会计对象的实际数额＝（　　）。

A. 被调整账户余额－抵减账户余额

B. 被调整账户余额＋抵减账户余额

C. 被调整账户余额＋附加账户余额

D. 被调整账户余额－附加账户余额

8.“原材料”账户的明细账户可按下列标志设置：（　　）。

A. 原材料的保管地点　　B. 原材料的类别品种

C. 原材料的规格　　D. 原材料的数量

9. 下列账户中属于抵减账户的是（　　）。

A.“累计折旧”账户　　B.“坏账准备”账户

C.“固定资产”账户　　D.“应收账款”账户

10. 债权债务结算账户的借方发生额表示（　　）。

A. 债权的增加额　　B. 债务的增加额

C. 债权的减少额　　D. 债务的减少额

11. 下列各项中，属于“应付职工薪酬”账户明细账户的有（　　）。

A.“工资”　　B.“职工福利”

C.“社会保险费”　　D.“住房公积金”

12. 年末，“利润分配”账户的期末余额有可能表示（　　）。

A. 一定时期内的收入　　B. 累计利润总额

C. 未弥补的亏损　　D. 未分配利润

13. 下列账户中，与“本年利润”账户借方发生对应关系的账户有（　　）。

A.“制造费用”账户　　B.“财务费用”账户

C.“管理费用”账户　　D.“主营业务成本”账户

14. 按其不同的标准分类，“生产成本”账户可以同时属于（　　）。

A. 资产账户　　B. 盘存账户

C. 费用账户　　D. 成本计算账户

15. 下列各项中，期末一般没有余额的是（　　）。

A. 收入类账户　　B. 费用类账户

C. 成本计算账户　　D. 集合分配账户

16. 下列账户中，可能属于盘存类账户的有（　　）

A.“在途物资”账户　　B.“生产成本”账户

C.“固定资产”账户　　D.“银行存款”账户

17.“累计折旧”账户按照不同的标准分类，可能属于（　　）。

A. 费用类账户　　B. 负债类账户

C. 调整类账户　　D. 资产类账户

18. 下列账户中，属于抵减账户的有（　　）。

A.“其他应收款”账户　　B.“坏账准备”账户

C.“固定资产”账户　　D.“累计折旧”账户

19. 下列账户中，属于费用账户的有（　　）。

A.“制造费用”账户　　B.“管理费用”账户

C.“财务费用”账户　　D.“销售费用”账户

五、判断题

1. 账户按经济内容的分类就是按会计要素的分类。（　　）

2. 账户按用途和结构的不同，分为总分类账户和明细分类账户。（　　）

3. 盘存账户的借方登记各种财产物资或货币资金的支出数或减少数。（　　）

4. 债权结算账户在一定条件下可以转化为债务结算账户。（　　）

5. 总分类账户和明细分类账户所反映的经济内容相同，只是提供指标的详细程度不同。（　　）

6. 资本账户的余额一定在贷方。（ ）

7. 债权债务结算账户的总账贷方余额表明债权大于债务的差额。（ ）

8. 被调整账户实际余额＝抵减账户余额－被调整账户余额。（ ）

9. 在不设置“预收账款”账户的情况下，“应收账款”账户同时反映销售商品的应收和预收款。（ ）

10. 抵减附加账户是依据调整账户的余额方向，判别是用来抵减被调整账户余额，还是用来附加被调整账户余额。（ ）

CHAPTER

5 第五章 会计凭证

第一节　会计凭证的意义和种类

一、会计凭证的概念

会计凭证是记录经济业务、明确经济责任的书面证明，是登记账簿的依据。

为了保证会计记录能如实反映企业的经济活动情况，保证账户记录的真实性、准确性，记账必须严格以会计凭证为依据。

任何一个单位一旦发生经济业务，都必须取得或填制凭证，由执行、完成该项经济业务的有关人员从外部取得或自行填制，以书面形式反映该项经济业务的发生或证明其完成情况。会计凭证须载明经济业务的内容、数量、金额并签名或盖章，以明确对该项经济业务的真实性、准确性所负的责任。一切会计凭证都应经过专人进行严格的审核，只有经过审核无误的凭证，才能作为记账的依据。

二、会计凭证的意义

可靠性和相关性是会计信息最重要的两个质量特征。为了保证会计信息的可靠性和相关性，进入会计信息系统进行加工的每一个数据，都必须有根据、有来源，能够明确经济责任。取得和填制会计凭证是会计核算的一种专门方法，也是会计核算工作的基础环节，对会计信息质量和整个会计工作有着至关重要的影响。具体地说，强化会计凭证的管理，具有如下三个方面的意义。

（1）通过填制会计凭证，可以为记账、算账提供真实、可靠的数据资料。任何一项经济业务的发生，都必须填制会计凭证。会计凭证上记录着经济业务发生的时间和内容（包括数量、金额及完成情况）。通过认真填制凭证，使经济业务如实地反映在会计凭证上，并为记账提供依据，为分析、检查经济活动和账务收支情况提供准确可靠的原始资料。

（2）通过审核会计凭证，可以检查和监督经济业务活动的真实性、合理性、合法性，充分发挥会计的监督作用。会计凭证记录和反映了经济业务活动的发生过程和完成情况等具体内容，通过对会计凭证的严格审核，可以检查每笔经济业务是否真实合理、合规和合法；是否执行了计划、预算，是否符合有关政策、法令、制度的规定，有无违法乱纪和铺张浪费行为，以充分发挥会计的监督作用。

（3）通过凭证的填制和审核，可以明确有关部门、有关人员在办理经济业务中的责任，从而加强岗位责任制。由于会计凭证记录了每笔经济业务的内容，并由有关部门和有关人员签章，这就要求有关部门和有关人员对经济活动的真实性、准确性、合法性负责。这样，就能加强有关部门和有关人员的责任感，促使他们严格按照政策、法令、制度、计划和预算办事。如有发生违法乱纪和铺张浪费行为，也易于分清经济责任，从而加强岗位责任制。

三、会计凭证的种类

会计凭证按其编制程序和用途的不同，可以分为原始凭证和记账凭证两大类。

（一）原始凭证

1. 原始凭证的概念

原始凭证是在经济业务发生时，由业务经办人员直接取得或填制，用以表明某项经济业务已经发生或完成的情况，并明确有关经济责任的一种凭证。它是填制记账凭证和登记的原始依据。

各单位在经济业务发生时，不但必须取得或填制原始凭证，还应将原始凭证及时送交本单位的会计机构或专职会计人员，以保证会计核算工作的顺利进行。但是，应当注意，不能证明经济业务的发生或完成情况的各种书面证据，如银行对账单、购货合同、购料申请单等，不能作为原始凭证。

2. 原始凭证的种类

原始凭证形式多样、种类繁多。按照一定的标准对原始凭证进行归类，更有利于有效地认识和使用原始凭证。原始凭证按不同的标准有以下几种分类。

（1）原始凭证按照取得的来源不同，可以分为外来原始凭证和自制原始凭证两种。

外来原始凭证是在经济业务发生或完成时，从企业外部的单位或个人取得的原始凭证。如增值税专用发票（格式如图 5-1 所示）、收据（一般格式如图 5-2 所示）等都是外来原始凭证。

北京增值税专用发票　　No　35824672

1100058610　　发 票 联　　开票日期：2019年06月08日

校验码　69372 99453 12536 67890 72320

<table>
<tr><td>购货单位</td><td colspan="4">名　　称：南华工厂
统一社会信用代码：91110102766615459F
地 址、电 话：北京市海淀区北五环中路260号
开户行及账号：中国建设银行清河支行
01091060100120105009898</td><td>密码区</td><td colspan="3"><+<>/-*7<*78*96*401>*　加密版本：01
5*3768*>4/570>+87+36+　1100058610
27**3369/6->77<*2>>3*　35824672</td></tr>
<tr><td colspan="2">货物或应税劳务名称</td><td>规格型号</td><td>单位</td><td>数量</td><td>单价</td><td>金额</td><td>税率</td><td>税额</td></tr>
<tr><td colspan="2">B材料</td><td></td><td>千克</td><td>400</td><td>175.50</td><td>70200.00</td><td>13%</td><td>9126.00</td></tr>
<tr><td colspan="2">合计</td><td></td><td></td><td></td><td></td><td>70200.00</td><td></td><td>9126.00</td></tr>
<tr><td colspan="2">价税合计（大写）</td><td colspan="7">⊗ 柒万玖仟叁佰贰拾陆元整　　（小写）¥79326.00</td></tr>
<tr><td>销货单位</td><td colspan="4">名　　称：丁公司
统一社会信用代码：91110103586615459K
地 址、电 话：北京市顺义区林河工业开发区
开户行及账号：中国工商银行顺义支行
01025635892356707832140</td><td>备注</td><td colspan="3"></td></tr>
</table>

收款人：王慧　　复核：李然　　开票人：刘旭　　销货单位：（章）

国税函[2019]1203号北京印钞厂

第三联：发票联　购货方记账凭证

图 5-1

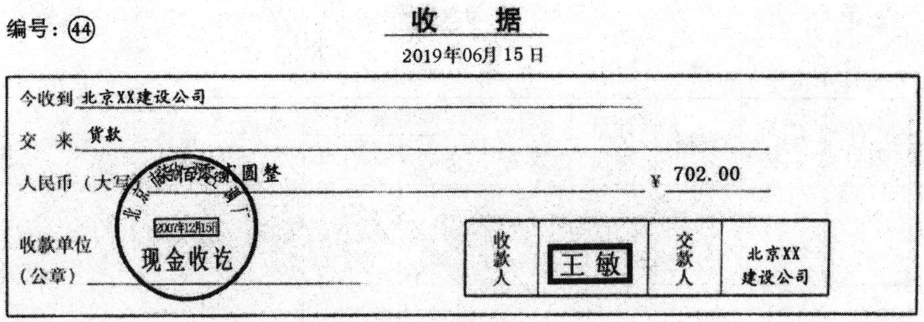

编号：㊹

收　据

2019年06月15日

今收到 北京XX建设公司

交　来 货款

人民币（大写）……圆整　　¥ 702.00

收款单位（公章）　现金收讫　2007年12月15日

收款人 王敏　　交款人 北京XX建设公司

图 5-2

自制原始凭证是指企业内部具体经办业务的部门和人员在执行或完成某项经济业务时所填制的原始凭证。如“收料单”（一般格式如表 5-1 所示）、“领料单”（一般格式如表 5-2 所示）、“产品入库单”（一般格式如表 5-3 所示）。

表 5-1　　　　**收　料　单**

供货单位　　　　年　月　日　　　　凭证编号

发票号码　　　　　　　　　　　　收料仓库

材料编号	材料规格及名称	计量单位	数　量		价　格	
			应收	实收	单价	金额
备　注					合计	

仓库负责人：　　记账：　　仓库保管：　　收料：

表 5-2　　　　**领　料　单**

领料部门　　　　年　月　日　　　　凭证编号

用　　途　　　　　　　　　　　　收料仓库

材料编号	材料规格及名称	计量单位	数　量		价　格	
			请领	实领	单价	金额
备　注					合计	

记账：　　发料：　　审批：　　领料：

表 5-3　　　　产品入库单

编　　号
交库单位　　　　年　月　日　　　　产品仓库

产品编号	产品名称	规格	计量单位	交付数量	检验结果		实收数量	单价	金额
					合格	不合格			
备注							合计		

记账：　　　检验：　　　仓库：　　　经手：

（2）原始凭证按其填制的方法不同，可以分为一次凭证、累计凭证和汇总凭证三种。

一次凭证是指经济业务发生时，一次填制完成的原始凭证。它反映一笔经济业务或同时反映若干同类经济业务的内容，日常的原始凭证多属此类，如“现金收据”“发货票”等。外来原始凭证一般均属一次凭证。

累计凭证是指在一张凭证上连续、累计登记一定时期内不断重复发生的若干项经济业务，填制手续是随着经济业务的发生而分次进行的，直到期末才能填制完成的原始凭证。它一般为自制原始凭证。为简化手续，平时随时登记发生的经济业务，并计算累计数，期末计算总数后作为记账的依据。最有代表性的是“限额领料单”（一般格式如表 5-4 所示）。

表 5-4　　　　限额领料单

年　月

领料单位
产品名称　　　　发料仓库
计划产量　　　　单位消耗定额　　　　编　　号

材料编号	材料名称	规格	计量单位	计划单价	领料限额	全月实用	
						数量	金额

领料日期	请领数量	实发数量	领料人签章	发料人签章	限额结余
合计					

供应部门负责人：　　　生产部门负责人：　　　仓库管理员：

汇总原始凭证（也称原始凭证汇总表）是根据许多同类经济业务的原始凭证或会计核算资料定期加以汇总而重新编制的凭证。例如，月末根据月份内所有领料单编制的发料凭证汇总表（如表 5-5 所示）就是一种汇总原始凭证。汇总原始凭证既可以提供经营管理所需的总量指标，又可以大大简化核算手续。

表 5-5 **发料凭证汇总表**

年 月

<table>
<tr><th colspan="2">会计科目</th><th>领料部门</th><th>原材料</th><th>燃料</th><th>合计</th></tr>
<tr><td rowspan="6">生产成本</td><td rowspan="3">基本生产车间</td><td>一车间</td><td></td><td></td><td></td></tr>
<tr><td>二车间</td><td></td><td></td><td></td></tr>
<tr><td>小计</td><td></td><td></td><td></td></tr>
<tr><td rowspan="3">辅助生产车间</td><td>供电车间</td><td></td><td></td><td></td></tr>
<tr><td>锅炉车间</td><td></td><td></td><td></td></tr>
<tr><td>小计</td><td></td><td></td><td></td></tr>
<tr><td colspan="2" rowspan="3">制造费用</td><td>一车间</td><td></td><td></td><td></td></tr>
<tr><td>二车间</td><td></td><td></td><td></td></tr>
<tr><td>小计</td><td></td><td></td><td></td></tr>
<tr><td colspan="2">合计</td><td></td><td></td><td></td><td></td></tr>
</table>

会计负责人： 复核： 制表：

（3）原始凭证按其用途不同，可以分为通知凭证、执行凭证和计算凭证三种。

通知凭证是指要求、指示或命令企业进行某项经济业务的原始凭证，如“罚款通知书”“付款通知单”“银行本票”等。

执行凭证是用来证明某项经济业务已发生或已执行完毕的原始凭证，也称证明凭证。执行凭证大多可以立即据以编制记账凭证，如前述的“销货发票”“材料验收单”“领料单”等。

计算凭证是对已进行或完成的经济业务进行计算而编制的原始凭证。计算凭证一般是为了便于以后记账以及了解各项数据来源和产生情况而编制的，如“产品成本计算单”“制造费用分配表”“职工薪酬核算表”等。

以上是按不同的标准对原始凭证进行的分类，它们之间是相互依存、密切联系的。如现金收据对出具收据的单位来讲是自制原始凭证；而对接受收据的单位来讲则是外来原始凭证；同时，它既是一次原始凭证，又是执行凭证。

依据上述原始凭证的分类，我们可以作如下归纳，如图 5-3 所示。

- 原始凭证
  - 按来源分
    - 外来原始凭证
    - 自制原始凭证
  - 按填制方法分
    - 一次凭证
    - 累计凭证
    - 汇总凭证
  - 按用途分
    - 通知凭证
    - 执行凭证
    - 计算凭证

图 5-3

（二）记账凭证

1. 记账凭证的概念

记账凭证是财会部门根据原始凭证填制，记载经济业务简要内容，确定会计分录，作为记账依据的会计凭证。

企业的日常经济业务异常繁多，用来反映经济业务发生或完成情况的原始凭证也千差万别、形式多样。因为原始凭证所记录的内容不能直接体现所要登记的账户以及账户的方向和金额，所以难以直接作为登记的依据。为此，必须对原始凭证进行归类、整理，并在此基础上编制记账凭证。记账凭证亦称分录凭证，又称记账凭单（传票），是由会计部门根据审核无误的原始凭证或原始凭证汇总表，按照登记的要求，确定账户名称、记账方向（应借、应贷）和金额的一种记录，是登记明细分类账和总分类账的依据。

2. 记账凭证的分类

（1）记账凭证按其适应经济业务的不同，可以分为专用记账凭证和通用记账凭证。专用记账凭证又分为收款凭证、付款凭证和转账凭证三种。

收款凭证是指专门用来记载现金及银行存款增加业务的记账凭证（一般格式如表 5-6 所示）。它既可以作为登记现金和银行存款日记账及有关明细账的依据，也是出纳员收款的证明。

表 5-6 **收款凭证**

借方

科目<u>银行存款</u>　　　　2018 年 12 月 12 日　　　　银收字第 09 号

摘　要	贷方总账科目	明细科目	记账符号	金额									
				千	百	十	万	千	百	十	元	角	分
销售商品	主营业务收入						1	0	0	0	0	0	0
	应交税费	应交增值税（销项税额）						1	3	0	0	0	0
合　计						¥	1	1	3	0	0	0	0

附单据贰张

财务主管：赵凤玲　记账：李顺　出纳：张力　审核：李顺　制单：张力

付款凭证是专门用来记载现金及银行存款减少业务的记账凭证（一般格式如表 5-7 所示）。它可以作为登记现金和银行存款日记账及有关明细账的依据，也是出纳员付出款项的证明。

表 5-7 **付款凭证**

贷方

科目<u>库存现金</u>　　　　2018 年 12 月 13 日　　　　现付字第 12 号

摘　要	借方总账科目	明细科目	记账符号	金额									
				千	百	十	万	千	百	十	元	角	分
购买汽油	管理费用	汽车费用							6	1	9	4	7
	应交税费	应交增值税（进项税额）								8	0	5	3
合　计								¥	7	0	0	0	0

附单据贰张

财务主管：赵凤玲　记账：王信　出纳：张力　审核：李顺　制单：张力

转账凭证是指专门用来记载不涉及现金和银行存款收付的其他各项经济业务所用的记账凭证（一般格式如表 5-8 所示）。它是根据有关转账业务的原始凭证填制的，是登记总分类账和明细分类账的依据。

表 5-8 **转账凭证**

2018 年 12 月 27 日　　转字第 47 号

摘　要	总账科目	明细科目	✓	借方金额										✓	贷方金额									
				千	百	十	万	千	百	十	元	角	分		千	百	十	万	千	百	十	元	角	分
计提折旧	管理费用	折旧费							9	3	2	8	7											
	累计折旧																			9	3	2	8	7
合　计								¥	9	3	2	8	7						¥	9	3	2	8	7

附单据　壹　张

财务主管：赵风玲　记账：王信　出纳：张力　审核：李顺　制单：张力

收款凭证所涉及的是现金或银行存款增加的业务，所以收款凭证中的借方会计科目不是“库存现金”就是“银行存款”；付款凭证则正好相反，它的贷方会计科目不是“库存现金”就是“银行存款”。至于转账凭证，它可能涉及到现金和银行存款以外的所有科目，没有固定的借方或贷方科目。

需要说明的是，对于涉及现金和银行存款之间相互转化的经济业务，比如从银行提取现金或将现金存入银行，会计上统一规定，此类经济业务仅填制付款凭证，不再填制收款凭证。比如，将现金存入银行，只需编制现金付款凭证，而不需要再编制银行存款收款凭证。

另外，如果企业规模较小，经济业务的数量不多，需要填制的记账凭证的数量自然也不会太多。这类企业可以设置通用的记账凭证，即所有经济业务的处理，只需填制这一通用格式的记账凭证即可（其格式如表 5-9 所示）。

表 5-9　　　　　　　　**记账凭证**

2018 年 12 月 27 日　　　　　　记字第 3 号

摘要	借方科目		贷方科目		金额										记账符号
	总账科目	明细科目	总账科目	明细科目	千	百	十	万	千	百	十	元	角	分	
预借差旅费	其他应收款	王凡	库存现金						1	5	0	0	0	0	
合计								¥	1	5	0	0	0	0	

附单据壹张

会计主管：　　记账：　　审核：　　出纳：　　制证：

（2）记账凭证按其编制的方式不同，可分为单式记账凭证和复式记账凭证两种。

单式记账凭证是将经济业务所涉及的会计科目分别填制记账凭证，有几个总账科目就填制几张记账凭证。这样，一笔经济业务需要填制两张或两张以上的记账凭证。填列借方科目的称为借项记账凭证，填列贷方科目的称为贷项记账凭证。为了反映会计科目之间的对应关系，借项记账凭证和贷项记账凭证的左下角均应填列对应会计科目，并采用一定的编号方法将它们联系起来。其优点是内容单一，便于记账工作的分工，也便于按科目汇总，并可加速凭证的传递。其缺点是凭证张数多，内容分散，不能在一张凭证上完整地反映一笔经济业务的全貌，故需加强凭证的复核、装订和保管工作。单式记账凭证的一般格式如表 5-10、表 5-11 所示。

表 5-10　　　　　　　　**借项记账凭证**

2018 年 12 月 31 日　　凭证编号　记字 012 $\frac{1}{2}$ 号

摘要	一级科目	明细科目	账页	金额
从中华工厂购入材料	材料采购	甲材料		60 000.00
对应一级科目：银行存款	合计			60 000.00

会计主管：　　记账：　　复核：　　出纳：　　制单：

表 5-11　　　　　　　　　　贷项记账凭证

2018 年 12 月 31 日　　凭证编号　记字 012 $\frac{2}{2}$ 号

摘　要	一级科目	明细科目	账　页	金　额
从中华工厂购入材料	银行存款			60 000
对应一级科目：材料采购	合　计			60 000

会计主管：　　记账：　　复核：　　出纳：　　制单：

复式记账凭证是将经济业务所涉及的对应会计科目集中填列在一张凭证上的记账凭证。其优点是能完整地反映一笔经济业务的全貌，即经济业务所涉及的全部科目及其对应关系，且填写方便，附件集中，便于凭证的分析和审核。其缺点是不便于分工记账，也不便于科目汇总。我们前面讲到的收款凭证、付款凭证和转账凭证都属于复式记账凭证。复式记账凭证的一般格式如表 5-12 所示。

表 5-12　　　　　　　　　　记账凭证

年　月　日　　　　编号

摘　要	一级科目	二级或明细科目	借方金额	贷方金额	记　账
合　计					

附件　　张

会计主管：　　记账：　　复核：　　出纳：　　制单：

（3）记账凭证按其用途不同可分为分录记账凭证、汇总记账凭证和联合记账凭证三种。

分录记账凭证是直接根据原始凭证编制，载明会计科目、记账方向和金额的凭证。我们前面讲到的记账凭证都是分录记账凭证。

汇总记账凭证是为了减少登记的工作量，根据记账凭证进一步汇总而编制的用来登记总账的一种记账凭证。它可以进一步分为汇总记账凭证和记账凭证汇总表两种形式。关于汇总记账凭证和记账凭证汇总表的格式和编制方法，我们将在后面的章节作详细的说明。

联合记账凭证是指既有原始凭证或原始凭证汇总表的内容，同时又具备记账凭证内容的凭证。它在自制原始凭证或原始凭证汇总表上印有对应科目，用以代替记账凭证，作为记账的依据。

以上是按不同的标准对记账凭证所作的分类。根据上述分类，我们可以作如下归纳，如图 5-4 所示。

- 记账凭证
  - 按反映的经济内容分
    - 专用记账凭证
      - 收款凭证
      - 付款凭证
      - 转账凭证
    - 通用记账凭证
  - 按填制方法分
    - 单式记账凭证
    - 复式记账凭证
  - 按用途分
    - 分录凭证
    - 汇总凭证
    - 联合凭证

图 5-4

第二节　原始凭证的填制与审核

填制原始凭证是会计工作的起点，也是会计核算的基础。原始凭证的质量在一定意义上决定了分类核算和会计报表的质量。《中华人民共和国会计法》第十条规定："下列经济业务事项，应当办理会计手续，进行会计核算：①款项和有价证券的收付；②财物的收发、增减和使用；③债权债务的发生和结算；④资本、基金的增减；⑤收入、支出、费用、成本的计算；⑥财务成果的计算和处理；⑦需要办理会计手续、进行会计核算的其他事项"；第十四条规定："办理本法第十条所列的经济业务事项，必须填制或者取得原始凭证并及时送交会计机构"。

一、原始凭证的基本内容

经济业务的内容是多种多样的，记录经济业务的原始凭证所包括的具体内容也各不相同，各有其不同的要求和特点。但每一种原始凭证都必须客观、真实地记录和反映经济业务的发生、完成情况，都必须明确有关单位、部门及人员的经济责任。我国《会计基础工作规范》规定，原始凭证必须具备以下基本内容：

（1）原始凭证的名称。

（2）填制凭证的日期。

（3）填制凭证单位的名称或者填制人姓名。

（4）经办人员的签名或盖章。

（5）接受凭证单位的名称。

（6）经济业务的内容。

（7）经济业务的数量、单位和金额。

上述基本内容缺一不可，否则，就不能成为具有法律效力的书面证明。

二、原始凭证的填制

原始凭证是根据经济业务活动的执行和完成情况来填制的，并具有法律效力的书面证明。为了保证原始凭证能够正确、及时、清晰地反映各项经济业务活动的真实情况，提高会计核算的质量，并真正具备法律效力，原始凭证的填写必须严格按如下要求进行：

（一）基本要求

（1）真实可靠，即如实填列经济业务内容，不弄虚作假，不涂改挖补。

（2）内容完整，即应该填写的项目要逐项填写，不可短缺。

（3）填制及时，即经济业务发生或完成时，要立即填列原始凭证，做到不积压、不误时、不事后补制。

（4）书写清楚。

（5）顺序使用，即在填制时按编号的次序使用，跳号的凭证应加盖“作废”戳记，不得撕毁。

（二）附加要求

（1）从外单位取得的原始凭证，必须盖有填制单位的公章；从个人取得的原始凭证，必须有填制人员的签名或者盖章。自制原始凭证必须有经办单位领导人或者其他指定的人员签名或盖章。对外开出的原始凭证，必须加盖本单位公章。

（2）凡填有大写和小写金额的原始凭证，大写和小写金额必须相符。购买实物的原始凭证，必须有验收证明。支付款项的原始凭证，必须有收款单位和收款人的收款证明。

（3）一式几联的原始凭证，应当注明各联的用途，只能以一联作为报销凭证。一式几联的发票和收据，必须用双面复写纸（发票和收据本身具备复写纸功能的除外）套写，并连续编号。作废时应当加盖“作废”戳记，连同存根一起保存，不得撕毁。

（4）发生销货退回时，除填制退货发票外，还必须有退货验收证明；退款时，必须取得对方的收款收据或者汇款银行的凭证，不得以退货发票代替收据。

（5）职工公出借款凭据，必须附在记账凭证之后。收回借款时，应当另开收据或者退还借据副本，不得退还原借款收据。

（6）经上级有关部门批准的经济业务，应当将批准文件作为原始凭证附件。如果批准文件需要单独归档的，应当在凭证上注明批准机关的名称、日期和文件字号。

（7）原始凭证不得涂改、挖补。发现原始凭证有错误的，应当由开出单位重开或者更正，更正处应加盖开出单位的公章。

（8）字迹必须清晰、工整，并符合下列要求：

①阿拉伯数字应当一个一个地写，不得连笔写。阿拉伯数字前面应当书写货币币种符号或者货币名称简写和币种符号。币种符号与阿拉伯金额数字之间不得留有空白。凡阿拉伯数字前写有币种符号的，数字后面不再写货币单位。

②所有以元为单位（其他货币种类为货币基本单位，下同）的阿拉伯数字，除表示单价等情况外，一律填写到角分；无角分的，角位和分位可写“00”，或者符号“——”；有角无分的，分位应写“0”，不得用符号“——”代替。

③汉字大写数字金额如零、壹、贰、叁、肆、伍、陆、柒、捌、玖、拾、佰、仟、万、亿等，一律用正楷或者行书体书写，不得用〇、一、二、三、四、五、六、七、八、九、十等简化字代替，不得任意自造简化字。大写金额数字到元或者角为止的，在“元”或者“角”字之后应当写“整”字或者“正”字；大写金额数字有分的，分字之后不写“整”或“正”字。

④大写金额数字前未印有货币名称的，应当加填货币名称，货币名称与金额数字之间不得留有空白。

⑤阿拉伯金额数字中间有“0”时，汉字大写金额要写“零”字；阿拉伯金额数字中间连续有几个“0”时，汉字大写金额中可以只写一个“零”字；阿拉伯金额数字元位是“0”，或者数字中间连续有几个“0”时、元位也是“0”但角位不是“0”时，汉字大写金额可以只写一个“零”字，也可以不写“零”字。

三、原始凭证的审核

为了保证会计信息的真实、合法、准确，发挥会计监督的作用，会计人员必须对填制或取得的原始凭证进行审核。只有经过审核无误的原始凭证才能作为记账的依据。原始凭证的审核一般包括以下两方面。

（一）政策性审核

政策性审核是以国家有关方针、政策、法令、制度以及计划和合同等为依据，审查原始凭证所反映的经济业务是否合理合法，有无违反制度和不按规定办事的行为，有无贪污盗窃、虚报冒领、伪造凭证等违法乱纪行为。例如，对财产物资的收发、领退、报废等是否按规定办理手续；费用的开支是否合理，有无超过预算的情况等。

（二）技术性审核

技术性审核包括完整性审核和正确性审核。完整性审核，是指审核原始凭证的基本内容是否填写齐全，手续是否完备，有关签章是否完整等。如遇内容不完整、手续不齐全的凭证，应退还经办人员补办齐整后再予受理。正确性审核，是指审核原始凭证的摘要和数字是否填写清楚，计算有无差错，大小写金额是否相符，有无任意涂改、伪造等行为。

原始凭证的审核是一项很细致且十分严肃的工作。要做好原始凭证的审核，充分发挥会计监督作用，会计人员应该做到具有正确的业务指导思想，精通会计业务，熟悉有关的政策、法令和规章制度，对本单位的生产经营活动有深入的了解。同时还要求会计人员具有维护国家的经济法规、财经制度和本单位管理规定的责任感，敢于坚持原则，敢于负责。只有这样，才能在审核凭证中掌握标准，及时发现问题。

《中华人民共和国会计法》第十四条规定："会计机构、会计人员必须按照国家统一的会计制度的规定对原始凭证进行审核，对不真实、不合法的原始凭证有权不予接受，并向单位负责人报告；对记载不准确、不完整的原始凭证予以退回，并要求按照国家统一的会计制度的规定更正、补充。"

"原始凭证记载的各项内容均不得涂改，原始凭证有错误的，应当由出具单位重开或更正，更正处应当加盖出具单位印章。原始凭证金额有错误的，应当由出具单位重开，不得在原始凭证上更改。"

第三节 记账凭证的填制与审核

因为原始凭证所记录的内容不能直接体现所要登记的科目以及记账的方向和金额，所以难以直接作为登账的依据。为此，必须对原始凭证进行归类、整理，并在此基础上填制记账凭证。记账凭证是由会计人员根据审核无误的原始凭证或原始凭证汇总表，按记账的要求归类整理而编制的，是登账的直接依据。

一、记账凭证的基本内容

由于记账凭证所反映的经济业务内容不同，因而在具体格式上也有一些差异。但所有的记账凭证都必须满足记账的要求，必须具备下列共同的基本内容：

（1）填制凭证的日期：通过填制凭证的日期，可以说明记账凭证所记载的经济业务应记入哪一会计期间；通过填制凭证的日期与所附原始凭证的日期相对照，还可以判断企业的会计处理是否符合会计信息及时性的要求。

（2）凭证编号：对记账凭证合理编号，不仅有利于对记账凭证的管理，而且有利于清晰地反映记账凭证与账簿之间的对应关系。

（3）经济业务摘要：即简明、扼要地说明经济业务的内容。经济业务的摘要有助于对会计分录的理解。

（4）会计科目（包括一级科目、二级科目和明细科目）。

（5）金额。

（6）所附原始凭证张数：除了少数结账和更正错误的记账凭证外，其他所有记账凭证都应附有原始凭证。通过所附原始凭证，可以发现会计分录是否正确以及反映会计信息的真实性、可靠性。

（7）填制人员、稽核人员、记账人员、会计机构负责人、会计主管人员签名或者盖章。

二、记账凭证填制的要求

记账凭证是进行会计处理的直接依据，记账凭证的填制必须注意以下要求。

（一）基本要求

（1）根据审核无误的原始凭证填制。

（2）记账凭证应当包括的内容都具备。这里需要强调两点：第一，使用联合凭证的，即以自制的原始凭证或者原始凭证汇总表代替记账凭证使用的，也必须具备记账凭证所应有的内容。第二，记账凭证的日期，一般为编制记账凭证当天的日期；按权责发生制原则编制的调整分录和结账分录的记账凭证，则应填写当月月末的日期，以便在当月的账内进行登记。第三，不得将不同内容和类别的记账凭证汇总在一张记账凭证上。在此前提下，记账凭证可以根据每一张原始凭证填制，或者根据若干张同类原始凭证汇总填制，也可以根据原始凭证汇总表填制。

（3）应对记账凭证进行连续编号。如果企业采用的是通用格式的记账凭证，编号比较简单，即在同一月份内，按照编制记账凭证的先后顺序，从第 1 号开始，按阿拉伯数字依次编排。如果企业采用的是收款、付款和转账三种格式的记账凭证，其编号应区分收款凭证、付款凭证和转账凭证三个序列，分别连续编号。对于一笔经济业务同时编制两张或两张以上同一类型的记账凭证，可以采用分数编号法编号，比如一笔业务涉及两张第 18 号转账凭证，可按以下方式编号：转字 $18\frac{1}{2}$ 号、转字 $18\frac{2}{2}$ 号。

（二）具体要求

（1）除结账、更正编制错误的记账凭证外，其他所有记账凭证都必须附有原始凭证并注明所附原始凭证的张数。所附原始凭证张数的计算，一般以原始凭证的自然张数为准。一张原始凭证如涉及几张记账凭证的，可将该原始凭证附在一张主要的记账凭证后面，在其他记账凭证上注明该主要原始凭证的编号或者附上该原始凭证的复印件。如果一张原始凭证所列支出需要几个单位共同负担，应当将其他单位负担的部分开给对方原始凭证分割单，进行结算。原始凭证分割单必须具备原始凭证的基本内容和费用分摊情况等。

(2) 如果在填制记账凭证时发生错误，应当重新填制。对于已经登记入账的记账凭证，在当年内发现填写错误的，可以用红字填写一张与原内容相同的记账凭证，在摘要栏注明“注销某年某月某号凭证”字样，同时再用蓝字重新填制一张正确的记账凭证，注明“订正某年某月某号凭证”字样。如果会计科目没有错误，只是金额错误，也可以将正确数字与错误数字之间的差额，另编一张调整的记账凭证，调增金额用蓝字，调减金额用红字。发现以前年度记账凭证有错误的，应当用蓝字填制一张更正的记账凭证。

(3) 记账凭证填制完经济业务后，如有空行，应当自金额栏最后一笔金额数字下的空行处至合计数上的空行行处划线注销。

(4) 填制记账凭证，字迹必须清晰、工整，并符合要求（同填制原始凭证的要求）。

(5) 实行会计电算化的单位，对于机制记账凭证，要认真审核，做到会计科目使用正确、数字准确无误。打印出的机制记账凭证要加盖制单人员、审核人员、记账人员及会计机构负责人、会计主管人员印章或者签字。

三、记账凭证的审核

记账凭证是登记账簿的直接依据，只有经过审核无误的记账凭证才能作为登记账簿的依据。记账凭证审核的主要内容包括：

(1) 记账凭证是否附有原始凭证，所附原始凭证的内容是否与记账凭证的内容相符。

(2) 根据原始凭证反映的经济内容所作的应借应贷会计科目的对应关系是否正确，借贷金额是否相等。

（3）记账凭证格式中规定项目是否都已填列齐全，有关人员是否都已签名或盖章等。

（4）实行会计电算化的单位，对于机制记账凭证要认真审核，做到会计科目使用正确，数字准确无误。打印出来的机制记账凭证要加盖制单人员、稽核人员、记账人员及会计主管人员印章或者签字。

记账凭证经过审核后，如发现有错误，应查明原因，及时更正。按照会计法规定，任何单位和个人不得伪造、变更会计凭证。对于伪造、变更会计凭证或者授意、指使、强令会计机构、会计人员及其他人员伪造、变更会计凭证的，都应承担相应的法律责任。

第四节　会计凭证的传递和保管

一、会计凭证的传递

会计凭证的传递，是指会计凭证从填制或取得开始，经过审核、记账、装订到归档为止，在有关部门和人员之间按规定的时间、路线办理业务手续和进行处理的过程。

正确、合理地组织会计凭证的传递，有利于有关部门和人员及时了解经济业务活动的情况，加速对经济业务的处理；同时，有利于加强各有关部门的经济责任，也有利于实现会计监督，以充分发挥会计的监督作用。

由于企业生产经营的组织不同、经济业务的内容不同，企业管理的要求也不尽相同。在会计凭证的传递中，也应根据具体情况，确定每一种凭证的传递程序和方法，作为业务部门和会计部门处理会计凭证的工作规范。

会计凭证的传递，应包括规定合理的传递程序、传递时间和传递过程中的衔接手续。

各单位应根据经济业务的特点、机构设置和人员分工情况，明确会计凭证填制的联数和传递程序，既要保证会计凭证经过必要的环节进行处理和审核，又要避免会计凭证在不必要的环节停留，使有关部门和人员及时了解情况、掌握资料又按规定手续开展工作。

关于会计凭证的传递时间，应考虑各部门和有关人员的工作内容和工作量在正常情况下完成的时间，明确规定各种凭证在各个环节上停留的最长时间，不能拖延和积压会计凭证，以免影响会计工作的正常秩序。一切会计凭证的传递和处理都应在报告期内完成，不允许跨期。否则，将影响会计核算的准确性和及时性。

会计凭证传递过程中的衔接手续，应该做到既完备严密，又简便易行。凭证的收发、交接都应按照一定的手续制度办理，以保证会计凭证的安全和完整。

会计凭证的传递程序、传递时间和衔接手续明确后，可制成凭证流程图，制定凭证传递程序、规定凭证传递路线、环节和在各环节上的时间、处理内容及交接手续，使凭证传递工作有条不紊、迅速有效地进行。

二、会计凭证的保管

各种会计凭证在办理好各项业务手续，并据以记账后，最后应由会计部门加以整理、归类、编号，并妥为保管。

会计凭证是各项经济活动的历史记录，是重要的经济档案。为了防止散乱丢失，保证会计凭证的安全和完整，必须认真负责地加以整理，妥善保管。会计凭证整理保管的要求是：

（1）各种记账凭证，连同所附原始凭证和原始凭证汇总表，要分类按顺序编号，定期（每天、每五天、每旬或每月）装订成册，并加具封面、封底，注明单位名称、凭证种类、所属年月和起止日期、起止号码、凭证张数等。为防止任意拆装，应在装订处贴上封签，并由经办人员在封签处加盖骑缝章。

（2）对一些性质相同、数量很多或各种随时需要查阅的原始凭证，可以单独装订保管，在封面上写明记账凭证的日期、编号、种类，同时在记账凭证上注明“附件另订”。

（3）各种经济合同和重要的涉外文件等凭证，应另编目录，单独登记保管，并在有关原始凭证和记账凭证上注明。

（4）其他单位因有特殊原因需要使用原始凭证时，经本单位领导批准，可以复制，但应在专门的登记簿上进行登记，并由提供人员和收取人员共同签章。

（5）会计凭证装订成册后，应有专人负责分类保管，年终应登记归档。会计凭证的保管期限和销毁手续，应严格按照《会计档案管理办法》的规定进行管理。

（6）会计凭证在归档后，应按年分月顺序排列，以便查阅。对已归档凭证的查阅、调用和复制，都应得到批准，并办理一定的手续。会计凭证在保管中应防止霉烂破损和鼠咬虫蛀，以确保其安全和完整。

自测题

一、名词解释

1. 会计凭证　　2. 原始凭证　　3. 记账凭证
4. 分数编号法　　5. 通知凭证　　6. 执行凭证
7. 计算凭证　　8. 累计凭证　　9. 汇总凭证
10. 一次凭证

二、简答题

1. 什么是会计凭证？准确填制和严格审查会计凭证有什么意义？
2. 会计凭证分为哪几类？有什么区别？
3. 对原始凭证的填制和审核有哪些基本要求？
4. 对记账凭证的填制和审核有哪些基本要求？
5. 正确、合理地组织会计凭证的传递有什么作用？

三、单项选择题

1. 下列凭证中，属于外来原始凭证的是（　　）。
A. 购货发票　　B. 领料单
C. 销货发票　　D. 制造费用分配表
2. 下列凭证中，属于自制原始凭证的是（　　）。
A. 银行付款通知单　　B. 购货发票
C. 销货发票　　D. 上缴税金收据
3. “材料领用汇总表”是一种（　　）。
A. 一次凭证　　B. 累计凭证
C. 原始凭证汇总表　　D. 复式凭证
4. 一张单式记账凭证一般是填列（　　）会计科目的凭证。

A. 一个　B. 二个　C. 三个　D. 两个以上

5. 将现金存入银行，应该填制（　）。

A. 银收字记账凭证　B. 现付字记账凭证

C. 转账凭证　D. 单式凭证

6. 销售产品收到商业汇票一张，应该填制（　）。

A. 银收字记账凭证　B. 现付字记账凭证

C. 转账凭证　D. 单式凭证

7. 对于记账凭证审核，审核的内容一般不包括（　）。

A. 记账凭证是否附有原始凭证，是否同所附原始凭证的内容相符合

B. 记账凭证的时间是否与原始凭证的时间一致

C. 根据原始凭证所作的会计科目和金额是否正确

D. 规定的项目是否填列齐全，有关负责人是否签名或盖章

8. 下列各项中，不能作为会计核算的原始凭证的是（　）。

A. 发货票　B. 合同书　C. 入库单　D. 领料单

9. 货币资金之间的划转业务只编制（　）。

A. 付款凭证　B. 收款凭证

C. 转账凭证　D. 记账凭证

10. 原始凭证是在（　）时取得的。

A. 经济业务发生　B. 填制记账凭证

C. 登记总账　D. 登记明细账

11. 从银行提取现金业务应编制的记账凭证是（　）。

A. 现金付款凭证　B. 现金收款凭证

C. 银行收款凭证　D. 银行付款凭证

12. 会计人员审核原始凭证时，发现其金额有差错，应由（　）重开。

A. 会计人员　B. 经办人员

C. 原填制单位　D. 领导

13. 付款凭证的贷方科目为（　）。

A. “库存现金”　B. “银行存款”

C. 任何一个科目　D. “库存现金”或“银行存款”

14. 会计凭证的传递，是指（　）时止。

A. 会计凭证的填制到记账
B. 会计凭证的填制或取得时起，经审核、汇总到装订归档案保管
C. 会计凭证经审核、记账到装订保管
D. 会计凭证经记账到装订保管

15. 记账凭证是（　　）的依据。
A. 编制原始凭证　　B. 登记账簿
C. 编制汇总原始凭证　　D. 确定会计科目

16. 借方科目固定为“库存现金”的记账凭证是（　　）。
A. 银行存款收款凭证　　B. 银行存款付款凭证
C. 现金收款凭证　　D. 现金付款凭证

17. 下列各项中，不属于原始凭证基本内容的是（　　）。
A. 填制日期　　B. 经济业务内容
C. 应借应贷科目　　D. 有关人员签章

18. 产品生产领用材料，应编制的记账凭证是（　　）。
A. 收款凭证　　B. 付款凭证
C. 转账凭证　　D. 一次凭证

19. 记账凭证的填制是由（　　）完成的。
A. 出纳人员　　B. 会计人员
C. 经办人员　　D. 主管人员

20. 记账凭证是根据（　　）填制的。
A. 经济业务　　B. 原始凭证
C. 账簿记录　　D. 审核无误的原始凭证

21. “限额领料单”是一种（　　）。
A. 一次凭证　　B. 累计凭证
C. 单式凭证　　D. 汇总凭证

22. 将同类经济业务汇总编制的原始凭证是（　　）。
A. 一次凭证　　B. 累计凭证
C. 记账编制凭证　　D. 汇总原始凭证

23. 填制会计凭证是（　　）的前提和依据。
A. 成本计算　　B. 编制会计报表
C. 登记账簿　　D. 设置账户

24. 下列项目中，属于自制原始凭证的是（　　）。

A. 领料单　　B. 购料发票

C. 增值税发票　　D. 银行对账单

25. 会计凭证按（　　）分类，分为原始凭证和记账凭证。

A. 用途和填制程序　　B. 形成来源

C. 反映方式　　D. 填制方式

26. 下列原始凭证中属于外来原始凭证的是（　　）。

A. 增值税专用发票　　B. 职工薪酬核算表

C. 发出材料汇总表　　D. 领料单

27. 对于现金和银行存款之间相互划转的经济业务，通常（　　）。

A. 不需编制记账凭证　　B. 需编制收款凭证

C. 需编制付款凭证　　D. 需编制转账凭证

28. 会计人员对于不真实、不合法的原始凭证，应当（　　）。

A. 予以受理，但应向单位领导口头报告

B. 予以受理，但应向单位领导书面报告

C. 不予受理

D. 视具体情况而定

29. 原始凭证的金额出现错误，正确的更正方法是（　　）。

A. 由出具单位更正，并在更正处盖章

B. 由取得单位更正，并在更正处盖章

C. 由出具单位重开

D. 由出具单位另开证明，作为原始凭证的附件

30. 按照记账凭证的审核要求，下列各项中不属于记账凭证审核内容的是（　　）。

A. 凭证使用是否正确

B. 凭证所列事项是否符合有关的计划和预算

C. 凭证的金额与所附原始凭证的金额是否一致

D. 凭证项目是否填写齐全

四、多项选择题

1. “收料单”可分别属于（　　）。

A. 外来原始凭证　　B. 自制原始凭证

C. 一次凭证 D. 累计凭证
E. 记账凭证

2. “限额领料单”可分别属于（ ）。
A. 外来原始凭证 B. 自制原始凭证
C. 一次凭证 D. 累计凭证
E. 记账凭证

3. 原始凭证应具备的基本内容有（ ）。
A. 原始凭证的名称和填制日期 B. 接受凭证的单位名称
C. 经济业务的内容 D. 数量、单价和大小写金额
E. 填制单位和有关人员的签章

4. 记账凭证必须具备的基本内容有（ ）。
A. 记账凭证的名称 B. 填制日期和编号
C. 经济业务的简要说明 D. 会计分录
E. 有关人员的签名和盖章

5. 单式记账凭证一般有（ ）。
A. 通用凭证 B. 转账凭证
C. 借项凭证 D. 贷项凭证
E. 汇总收款凭证

6. 汇总记账凭证有（ ）。
A. 汇总收款凭证 B. 汇总付款凭证
C. 汇总转账凭证 D. 科目汇总表
E. 累计凭证

7. 下列经济业务中，应填制转账凭证的有（ ）。
A. 某企业以厂房对企业投资 B. 外商以货币资金对企业投资
C. 购买材料未付款 D. 销售商品收到商业汇票一张
E. 支付前欠某单位账款

8. 下列经济业务中，应填制付款凭证的有（ ）。
A. 提现金备用 B. 购买材料预付定金
C. 购买材料未付款 D. 以存款支付前欠某单位账款
E. 将现金存入银行

9. 下列说法中正确的有（ ）。

A. 原始凭证必须记录真实，内容完整
B. 一般原始凭证发生错误，必须按规定办法更正
C. 有关现金和银行存款的收支凭证，如果填写错误，必须作废
D. 购买实物的原始凭证，必须有验收证明
E. 一式几联的原始凭证，应当注明各联的用途，只能用一联作为报销凭证

10. 复式记账凭证按与货币资金的关系可分为(　　)。
A. 借项凭证　　B. 收款凭证
C. 付款凭证　　D. 通用凭证
E. 转账凭证

11. 下列凭证中属于原始凭证的有（　　）。
A. 提货单　　B. 产品成本计算单
C. 购货发票　　D. 发出材料汇总表
E. 有应借应贷科目的自制原始凭证

12. 会计凭证可以（　　）。
A. 记录经济业务　　B. 明确经济责任
C. 登记账簿　　D. 编制报表
E. 财产清查

13. 会计凭证按用途和填制程序分为（　　）。
A. 原始凭证　　B. 累计凭证
C. 记账凭证　　D. 转账凭证
E. 单式记账凭证

14. 收款凭证可以作为出纳人员（　　）的依据。
A. 收入货币资金　　B. 付出货币资金
C. 登记现金日记账　　D. 登记银行存款日记账
E. 登记有关明细账

15. 会计凭证的传递应结合企业（　　）特点。
A. 经济业务　　B. 内部机构组织
C. 人员分工　　D. 经营管理
E. 凭证自身

16. 下列各项中，属于原始凭证的有（　　）。

A. 银行收款通知单　　B. 限额领料单
C. 入库单　　D. 购货发票
E. 银行存款余额调节表

17. “发料凭证汇总表”可分别属于（　　）。

A. 原始凭证　　B. 汇总凭证
C. 一次凭证　　D. 自制凭证
E. 记账凭证

18. 下列各项中，属于一次凭证的原始凭证有（　　）。

A. 领料单　　B. 限额领料单
C. 收料单　　D. 销货发票
E. 银行对账单

19. “限额领料单”可分别属于（　　）。

A. 原始凭证　　B. 汇总凭证
C. 一次凭证　　D. 自制凭证
E. 累计凭证

20. 下列各项中，可以作为记账凭证编制依据的有（　　）。

A. 限额领料单　　B. 领料单
C. 发料凭证汇总表　　D. 银行付款通知
E. 银行存款余额调节表

五、判断题

1. 会计凭证，也称原始凭证，是登记账簿的基本依据。（　　）

2. 记账凭证是登记账簿的间接依据，原始凭证是账簿记录的直接依据。（　　）

3. 在编制记账凭证时，原始凭证就是记账凭证的附件。（　　）

4. 在证明经济业务发生、据以编制记账凭证的作用方面，自制原始凭证与外来原始凭证具有同等的效力。（　　）

5. 记账凭证都是累计凭证。（　　）

6. 所有的会计凭证，都能作为登记总账账簿的直接依据。（　　）

7. 现金和银行存款之间的收付业务只能编制收款凭证。（　　）

8. 由于记账凭证是登记账簿的依据，所以会计凭证的审核就是指记账凭证的审核。（　　）

9. 如果某项经济业务需要编制几张记账凭证，可采用“分数编号法”。（　　）

六、核算题

某企业2018年12月份发生下列经济业务：

(1) 4日，收到东方工厂归还贷款50 000元，存入银行。

(2) 5日，从外单位购入甲材料10吨，每吨单价（不含税）为800元，货款以银行存款支付。

(3) 6日，向银行借入半年期借款40 000元。

(4) 10日，以银行存款60 000元发放本月工资。

(5) 18日，售给大明公司A产品800件，单价（不含税）120元，货款尚未收到。

(6) 20日，生产车间制造A产品领用甲材料2吨，单位成本为810元，其中，生产车间制造产品耗用1吨，车间一般耗用和企业管理部门耗用各0.5吨。

(7) 31日，计提本月固定资产折旧，其中，车间应提12 000元，厂部应提2 000元。

(8) 31日，出售废料一批，收到现金1 000元。

(9) 31日，本月完工产品实际成本为80 000元，结转入库。

要求：根据上述资料，填制相关的记账凭证。

CHAPTER

6 第六章 会计账簿

第一节　账簿的意义和种类

一、设置会计账簿的意义

会计账簿是以会计凭证为依据，对全部经济业务进行全面、系统、连续、分类的记录和核算的簿籍，是由专门格式并以一定形式联结在一起的账页所组成。

各单位通过会计凭证的填制和审核，可将每日发生的经济业务记录和反映在会计凭证上。但会计凭证数量多、资料分散，每张凭证只能记载个别经济业务，所提供的资料多是零散的。因此，还需将记账凭证的内容按照时间发生的先后顺序登记到相应的账户中去。而账户是开设在账簿上面的，或者说账簿是账户的载体。从形式上看，账簿是由格式相同的账页组成的“簿籍”；从实质上看，账簿是用来分类、连续、系统地记录经济业务，加工会计信息的账户体系。只有在账簿中开设了账户并根据会计凭证登记账户，账簿才算得到了运用。

通过设置账簿和登记账户，可以系统、连续、分类、综合地反映经济业务的发生和完成情况，并将经济业务所引起的大量的、分散的数据加工成有用的会计信息。比如，通过设置和登记原材料账，可以得到一定时期内原材料数量和金额增减变动的信息以及某一时点上原材料结存情况的信息。

账簿提供的资料还是企业编制会计报表的直接依据。账簿提供信息的详细程度介于会计凭证和财务会计报表之间。

通过设置和登记账簿，可以起到保护货币资金以及其他财产物资安全完整的作用。比如，通过设置和登记现金日记账和银行存款日记账，可以了解现金和银行存款的来龙去脉以及结存情况，起到保护现金安全完整的作用。

二、会计账簿的基本构成

会计账簿的格式多种多样，但其基本构成是封面、扉页和账页。

（一）封面

封面主要用来标明账簿的名称，如现金日记账、银行存款日记账、明细分类账、总分类账等。

（二）扉页

扉页主要列明账簿使用登记表，其主要内容是：①单位名称；②账簿名称；③起止页数；④启用日期；⑤单位领导人；⑥会计主管人员；⑦经管人员；⑧移交人和移交日期；⑨接管人和接管日期。

（三）账页

账页是账簿的主体。在每张账页上应载明：①账户名称（即会计科目）；②记账日期栏；③记账凭证的种类和号数栏；④摘要栏；⑤金额栏；⑥总页次和分页次。可以看出，它和前面讲的账户的一般格式完全相同。

三、会计账簿的种类

由于不同单位的经营特点和管理要求不同，其设置账簿的数量和种类也不完全相同。账簿通常有如下几种分类：

（一）按账簿用途分类

账簿按用途不同可以分为三大类：日记账、分类账和备查账。

1. 日记账

日记账又称序时账，是按经济业务发生和完成时间的先后顺序进行登记的账簿。日记账是一种特殊的明细账。为了加强现金和银行存款的管理和核算，各单位通常都设置现金日记账和银行存款日记账，以便逐日核算和控制现金和银行存款的收入、付出和结存情况。与现金日记账和银行存款日记账相对应的分别是现金总账和银行存款总账。

2. 分类账

分类账是按照账户对经济业务进行分类核算和监督的账簿。按账簿提供信息的详细程度不同，分为总分类账（亦称总账）和明细分类账（亦称明细账）。总分类账是根据总分类会计科目（或总账科目或一级科目）开设的，用来提供总括核算资料的账簿。明细分类账是根据总账科目所属的明细会计科目开设的，用来提供明细核算资料的账簿。

3. 备查账

备查账也称辅助账，是对在序时账和分类账中未能反映和记录的事项进行补充登记的账簿，主要用来记录一些供日后查考的有关经济事项，如“代销商品登记簿”“租入固定资产登记簿”等。备查账只是对账簿记录的一些补充，它与其他账簿之间不存在严密的依存、勾稽关系。

（二）按账簿外表形式分类

账簿按外表形式不同可分为订本式账簿、活页式账簿和卡片式账簿三种。

1. 订本式账簿

订本式账簿又称订本账，是在启用前进行顺序编号并固定装订成册的账簿。采用订本式账簿，可以避免账页散失或人为抽换账页，但是由于账页的序号和总页数已经固定，所以在账簿中开设账户时必须为每一账户预留账页，这样在使用中就可能出现某些账户预留账页不足，而另一些账户预留账页过多的现象。另外，采用订本式账簿，在同一时间内不能分工同时记账。它适用于总账和日记账的登记。

2. 活页式账簿

活页式账簿又称活页账，是将若干张零散的、格式相同的账页装订在账夹内，可以随时增添或取出账页的账簿。由于这种账簿的账页不是固定地装订在一起，所以可以根据需要随时加入空白账页，并可以由多人同时分工记账。活页式账簿的缺点是账页易散失，或被蓄意抽换。为此，账页应预先连续编号，并由主管人员在账页上加盖印章。活页式账簿主要适用于各种明细账。

3. 卡片式账簿

卡片式账簿又称卡片账，是由专门格式、分散的卡片作为账页组成的账簿。在登记卡片式账簿时，必须顺序编号并装置在卡片箱内，由专人保管。卡片式账簿除具有一般活页式账簿的优缺点外，还有一个优点，就是不需要每年更换，可以跨年度使用。最常见的卡片账是固定资产明细账。

第二节 账簿的设置与登记方法

账簿的设置主要包括确定账簿的种类和数量、各类账簿中账页的格式、账簿的登记方法等。一般而言，每个企业都离不开设置日记账、总账和明细账。账簿的数量取决于账户设置的数量及详细程度，账户设置的数量和详细程度则取决于企业生产经营的特点、规模的大小、对会计信息的需要以及国家统一会计制度等情况。账簿的登记方法主要取决于企业采用的账务处理程序。这里主要从账页格式的角度说明账簿的设置。

一、日记账的设置与登记方法

日记账有普通日记账和特种日记账两类。

（一）普通日记账

普通日记账的格式如表 6-1 所示，它一般分为“借方金额”和“贷方金额”两栏，登记每一分录的借方账户和贷方账户及金额。这种账簿不结余额。普通日记账并不常用。

表 6-1 **普通日记账**

第　页

年		会计科目		摘　要	借方金额	贷方金额	过　账
月	日						

（二）特种日记账

常用的特种日记账有现金日记账和银行存款日记账。

1. 现金日记账

现金日记账是由出纳人员根据审核无误的现金收、付款凭证和银行存款付款凭证序时逐笔登记的账簿。出纳人员在每日业务终了，应将现金收、付款项逐笔登记，并结出余额，同实存现金相核对，借以检查每日现金的收、付、存情况及库存现金限额的执行情况。现金日记账的格式如表 6-2 所示。

表 6-2 **现金日记账**

2019 年		凭证编号	摘　要	对方科目	借方	√	贷方	√	余额
月	日								
1	1		上年结转						200
	3	现付 1	支付购入材料运费	在途物资			50		
	3	银付 1	刘某预借差旅费	其他应收款			100		
	3	现收 1	李山报差旅费交回余款	其他应收款	20				
	3		本日小计		20		150		70
	31		本月合计		8 320		8 220		300

2. 银行存款日记账

银行存款日记账是由出纳人员根据审核无误的银行存款收、付款凭证和现金付款凭证序时逐笔登记的账簿。银行存款日记账的格式与现金日记账相同，如表 6-3 所示。

表 6-3　　银行存款日记账（三栏式）

2019年 月	2019年 日	凭证编号	结算凭证 类	结算凭证 号数	摘要	借方	√	贷方	√	结余
1	1				上年结转					20 000
	3	银收 1			销售收入	10 000				
	3	银付 1			支付购料款			5 000		
	3	银付 2			提取现金			200		
	3	银收 2			收到购货款	4 500				
	3				本日小计	14 500		5 200		29 300
	31				本月合计	112 000		100 000		32 000

在我国的账簿体系中，日记账主要指现金日记账和银行存款日记账两种。根据“钱、账分管”的内部牵制原则，现金日记账和银行存款日记账应由专职的出纳人员负责登记和保管，但出纳人员不得负责登记除现金日记账和银行存款日记账以外的任何账簿。现金日记账和银行存款日记账还应定期地与会计人员登记的现金总账和银行存款总账核对相符。

二、总账和明细账的设置与登记方法

（一）总账的设置与登记方法

总分类账能全面、总括地反映和记录经济业务引起的资金运动和财务收支情况，并为编制会计报表提供数据。因此，每个单位都必须设置总分类账。

总分类账的格式如表 6-4 所示。它一般采用三栏式账页，业务简单、账户设置较少的企业也可以采用多栏式账页，多栏式账页是将全部账户集中于一张账页中登记。

表 6-4　　总分类账

科目名称　　　　　　　　　　　　　　　　　第　页

年 月	年 日	凭证编号	摘要	借方	贷方	借或贷	余额

总分类账可以按记账凭证逐笔进行登记，也可以按记账凭证汇总表进行登记，还可以按转账凭证汇总表和多栏式现金、银行存款日记账在月末时汇总登记。

（二）明细账的设置与登记方法

明细账是按明细分类账户进行登记的账簿。明细账能分类详细地反映和记录资产、负债、所有者权益、费用、成本和收入、成果等各种业务。它也为编制财务会计报表提供一定的资料。

明细账的格式应根据各单位经营业务的特点和管理需求来确定。常用的有三栏式账页、多栏式账页和数量金额式账页三种。

1. 三栏式明细账

三栏式明细账账页的格式与三栏式总账的格式基本相同，它只设借方、贷方和余额三个金额栏，不设数量栏。这种账页适用于采用金额核算的应收账款、应付账款等账户的明细核算，格式同三栏式总账。

2. 数量金额式明细账

数量金额式明细账账页的格式如表 6-5 所示，它在收入、发出、结存三栏内，再分别设置“数量”“单价”“金额”等栏目，以分别登记实物的数量和金额。

表 6-5　　明细分类账

（数量金额式账页）

会计科目　　　　第　页

<table>
<tr><th colspan="2">年</th><th rowspan="2">凭证号数</th><th rowspan="2">摘　要</th><th colspan="3">收　入</th><th colspan="3">发　出</th><th colspan="3">结　存</th></tr>
<tr><th>月</th><th>日</th><th>数量</th><th>单价</th><th>金额</th><th>数量</th><th>单价</th><th>金额</th><th>数量</th><th>单价</th><th>金额</th></tr>
<tr><td></td><td></td><td></td><td></td><td></td><td></td><td></td><td></td><td></td><td></td><td></td><td></td><td></td></tr>
</table>

数量金额式明细账适用于既要进行金额明细核算，又要进行数量明细核算的财产物资项目。如“原材料”“库存商品”等账户的明细核算。它能提供各种财产物资收入、发出、结存等的数量和金额资料，满足开展业

务和加强管理的需要。

3. 多栏式明细账

多栏式明细账的格式视管理需要而呈多种多样。它在一张账页上，按明细科目分设若干专栏，集中反映有关明细项目的核算资料。如制造费用明细账（见表 6-6)，它在借方栏下，可分设若干专栏，如“职工薪酬”“折旧费”“修理费”“办公费”等，企业发生的制造费用，借记本科目；分配计入有关成本核算对象时，贷记本科目。除季节性生产企业外，本科目月末应无余额。这类账页多用于关于费用、成本、收入、成果类科目的明细核算。

表 6-6 **制造费用明细账**

第 页

年		凭单号	摘 要	借 方						贷方	借或贷	余额
月	日			合计	职工薪酬	折旧费	修理费	办公费	水电费			

各种明细账要根据原始凭证、原始凭证汇总表和记账凭证每天进行登记，也可以定期（3 天或者 5 天）登记。但债权债务明细账和财产物资明细账应当每天登记，以便随时与对方单位结算，保证及时核对库存余额。

(三) 总账和明细账的平行登记

总账与其明细账是统驭与被统驭的关系，它们提供的指标和信息在详细程度上不同。由于总账和明细账反映的内容相同，因而保持总账和明细账记录的一致，是记账工作的一条重要原则。虽然总分类账户提供的总括指标统驭明细分类账户，但在账务处理上，它们是平行关系，应当平行地进行登记。平行登记，是指在登记总账和明细账时，要做到依据相同、方向一致、金额相等。通过平行登记并相互核对，才能保证总分类账户的记录与明细分类账户的记录形成统驭与被统驭的关系，及时检查错误和更正错误。平行登记的要点如下：

（1）依据相同，是指无论登记总账还是明细账，都以相同的会计凭证为依据，其中总账主要根据记账凭证登记，明细账主要根据记账凭证及原始凭证登记。值得注意的是，依据相同绝不意味着可以以明细账为依据登记总账和以总账为依据登记明细账。

（2）方向一致，是指同一笔经济业务，如记入总账的借方（或贷方），也应同时记入所属明细账的借方（或贷方）。

（3）金额相等，是指同一笔经济业务，登记在总账的金额，必然与登记在所属明细账的金额之和相等。

第三节　登账规则

各单位应当按照国家统一会计制度的规定和会计业务的需要设置会计账簿。根据记账凭证登记账簿是日常会计工作的主要任务之一。

一、启用账簿的规则

启用会计账簿时，应当在账簿封面上写明单位名称和账簿名称。在账簿扉页上应当附启用表，内容包括：启用日期、账簿页数、记账人员和会计机构负责人、会计主管人员姓名，并加盖人名章和单位公章。记账人员或者会计机构负责人、会计主管人员调动工作时，应当注明交接日期、接办人员或者监交人员姓名，并由交接双方人员签名或者盖章。

启用订本式账簿，应当从第一页到最后一页顺序编定页数，不得跳页、缺号。使用活页式账簿，应当按账页顺序编号，并需定期装订成册。装订后再按实际使用的账页顺序编定号码，另加目录，记明每个账户的名称和页次。使用卡片式账簿，一般应在卡片匣内标明该卡片账的用途。

二、登记账簿的规则

会计人员应当根据审核无误的原始凭证登记会计账簿。登记账簿的基本要求是：

（1）登记会计账簿时，应当将会计凭证日期、编号、业务内容摘要、金额和其他有关资料逐项记入账内，做到数字准确、摘要清楚、登记及时、字迹工整。

（2）登记完毕后，要在记账凭证上签名或者盖章，并注明已经登账的符号，表示已经记账。

（3）账簿中书写的文字和数字上面要留有适当空格，不要写满格，一般应占格距的二分之一。

（4）登记账簿要用蓝黑墨水或者碳素墨水书写，不得使用圆珠笔（银行的复写账簿除外）或者铅笔书写。

（5）下列情况，可以用红色墨水记账：

①按照红字冲账的记账凭证，冲销错误记录；

②在三栏式账页的余额栏前，如未印明余额方向的，在余额栏内登记负数余额；

③根据国家统一会计制度的规定可以用红字登记的其他会计记录。

（6）各种账簿按页次顺序连续登记，不得跳行、隔页。如果发生跳行、隔页，应当将空行、空页划线注销，或者注明“此行空白”“此页空白”字样，并由记账人员签名或者盖章。

（7）凡需要结出余额的账户，结出余额后，应当在“借或贷”等栏内写明“借”或者“贷”等字样。没有余额的账户，应当在“借或贷”等栏内写明写“平”字，并在余额栏内用“θ”或者“0.00”表示。现金日记账和银行存款日记账必须逐日结出余额。

（8）每一账页登记完毕结转下页时，应当结出本页合计数及余额，写在本页最后一行和下页第一行有关栏内，并在摘要栏内注明“过次页”和“承前页”字样；也可以将本页合计数及金额只写在下页第一行有关栏内，并在摘要栏内注明“承前页”字样。

对需要结计本月发生额的账户，结计“过次页”的本页合计数应当为自本月初起至本页末止的发生额合计数；对需要结计本年累计发生额的账户，结计“过次页”的本页合计数应当为自年初起至本页末止的累计数；对既不需要结计本月发生额也不需要结计本年累计发生额的账户，可以只将每页末的余额结转次页。

（9）实行电算化会计的单位总账和明细账应当定期打印。

发生收款和付款业务的，在输入收款凭证和付款凭证的当天必须打印出现金日记账和银行存款日记账，并与库存现金核对无误。

（10）账簿记录发生错误，不准涂改、挖补、刮擦或者用药水消除字迹，不准重新抄写，必须按照专门的方法进行更正。

三、更正错误的规则和方法

根据记账凭证登记账簿后，如果发现记录错误，为了保证记录的整洁、完整，防止作弊行为的发生，不能随意更改错误的记录，而必须按照专门的方法进行。通常运用的专门方法有划线更正法、红字更正法和补充登记法三种。

（一）划线更正法

划线更正法适用于登记账簿的文字或数字有错，而据以登账的记账凭证正确的情况。

更正的方法是：先在错误的文字或者数字上划红线注销，但必须使原有字迹仍可辨认；然后在划线上方填写正确的文字或者数字，并由记账人员在更正处盖章。对于错误的数字，应当全部划红线更正，不得只更正其中的错误数字；对于文字错误，可只划去错误的部分。

（二）红字更正法

红字更正法，又称红字冲销法。它一般适用于如下两种情况：

（1）根据记账凭证登记账簿后，在当年内发现记账凭证所记的科目或金额有错误，但账簿中的记录与记账凭证中的记录相吻合。更正的方法是：先用红字填制一张与原错误的记账凭证完全相同的记账凭证，并登记入账，表示将原错误记录予以冲销；同时再用蓝字或黑字填制一张正确的记账凭证，摘要栏内注明“订正×年×月×日×号凭证”，然后登记入账，这样就把错误的记录更正过来了。

【例 6-1】 以转账支票支付下年度保险费 6 000 元，在填制记账凭证时误记入“管理费用”科目，做成如下错误的会计分录，并登记入账：

借：管理费用	6 000	
贷：银行存款		6 000

更正时，用红字填制一张与上述错误凭证相同的记账凭证，并登记入账。会计分录为：

借：管理费用　　[6 000]

　　贷：银行存款　　[6 000]

然后，再用蓝字或黑字填制一张正确的记账凭证，并登记入账。正确的会计分录为：

借：预付账款　　6 000

　　贷：银行存款　　6 000

（注：[6 000]表示红字，下同。）

（2）根据记账凭证登记账簿后，年度内发现记账凭证中应借、应贷的会计科目、记账方向都没有错误，记账凭证和账簿记录的金额相吻合，只是所记金额大于应记的正确金额。更正的方法是：将多记的金额用红字填制一张与错误的记账凭证会计分录相同的记账凭证，摘要栏内注明“订正×年×月×日×号凭证”字样，然后登记入账。

【例 6-2】　生产产品领用原材料 500 元，在填制记账凭证时，误记为 5 000 元，但会计科目正确，并已登记入账。其错误的会计分录为：

借：生产成本　　5 000

　　贷：原材料　　5 000

更正时，用红字金额 4 500 元填制记账凭证并登记入账以进行更正，会计分录为：

借：生产成本　　[4 500]

　　贷：原材料　　[4 500]

（三）补充登记法

根据记账凭证登记账簿后，年度内发现记账凭证中会计分录没有错误，记账凭证和账簿记录也相吻合，只是所记金额小于应记的正确金额。在这种情况下应用补充登记法。更正的方法是：用少记的金额填制一张与错误的记账凭证会计分录相同的蓝字记账凭证，摘要栏内注明“订正×年×月×日×号凭证”字样，然后登记入账。

【例 6-3】　仓库收到材料一批，计 10 000 元，已验收入库，货款未付。填制记账凭证时，将金额误记为1 000元，并已登记入账。其错误分录为：

借：材料采购　　1 000

　贷：应付账款　　1 000

更正时，可将少记的9 000元用蓝字填制一张记账凭证。其分录为：

借：材料采购　　9 000

　贷：应付账款　　9 000

将上述记账凭证登记有关账簿后，原账簿记录中的错误记录得到更正。当然这笔错误记录也可以采用红字更正法进行更正。

第四节　对账和结账

在会计期间终了时，即在月末、季末或年末，为了贯彻权责发生制，分清上期与下期以及计算各期损益和编制财务会计报表的需要，必须进行对账和结账工作。

一、对账的意义和内容

对账是为了保证账簿记录的正确性，对账簿和账户所记录的有关数据加以检查和核对，这种核对工作，在会计上叫对账。对账工作除了日常进行外，还必须在月末和年末结账前定期地进行。它包括账证核对、账账核对和账实核对三个方面。

（一）账证核对

账证核对指核对账簿记录与原始凭证、记账凭证的时间、凭证字号、内容、金额是否一致，记账方向是否相符。账证核对工作，平常是通过编制凭证和记账中的“复核”环节进行的，在结账时，对主要内容有疑问之处，应进行重点抽查与核对。

（二）账账核对

账账核对指核对不同会计账簿记录是否相符。主要有：

(1) 总分类账中，全部账户的借方余额合计数应同贷方余额合计数相符。

(2) 总分类账中，“库存现金”“银行存款”账户的余额数应同相对应的日记账余额数核对相符。

(3) 总分类账中，各账户的月末余额，与所属明细分类账户月末余额之和核对相符。

(4) 会计部门有关财产物资的明细分类账的余额，与财产物资保管部门或使用部门相应的明细账（卡）核对相符。

以上各种账簿间的核对，可以直接进行核对，对内容较多的可以通过编表进行核对。

（三）账实核对

账实核对指核对会计账簿记录与财产物资等实有数额是否相符，包括：

(1) 现金日记账的账面余额应同现金的实际库存数每日核对相符。

(2) 银行存款日记账的账面余额应同银行存款对账单核对相符，每月至少核对一次。

(3) 各种财产物资明细账账面余额应定期同实存量核对相符。

(4) 各种应收、应付款项等明细分类账各账户的余额，应定期与有关单位或个人核对相符；已上交的税费及其他预交款应按规定时间与有关监交部门核对相符。

上述账实（包括账物、账款）核对工作中，结算款项一般是利用对账单的形式进行核对，各种财产物资一般通过财产清查进行核对。

二、结账的意义和内容

结账，就是在把一定会计期间发生的经济业务全部登记入账的基础上，对账簿记录所作的结束工作，即结出本期发生额和期末余额或本期收益。

结账的内容通常包括：①结算各种收入类和费用类账户，并据以计算确定本期损益；②结算各种资产、负债和所有者权益账户，分别结出它们的本期发生额和期末余额，并将期末余额转为下期的期初余额。

结账前，必须将本期内发生的各项经济业务全部登记入账，尤其要注意检查有关收入和费用是否按照权责发生制的要求进行了账项调整；结账前，要进行对账，以保证账证相符、账账相符和账实相符。

月度结账时，应在最后一笔经济业务下划一条单红线，然后在单红线下的“摘要”栏内注明“本月合计”或“本月发生额及期末余额”字样，在结出本期借、贷方发生额及期末余额后，再在“本月合计”或“本月发生额及期末余额”之下划一条通栏红线，表示本期的账簿记录已经结束；紧接下一行，在“日期”栏填写下月的 1 日，在“摘要”栏内注明“期初余额”字样，并在“余额”栏将上期期末余额转为本期的期初余额。此后即可连续登记下月份的经济业务。现以“应收账款”账户为例说明如下（见表 6-7）。

表 6-7

科目名称：应收账款

2018 年		凭证编号	摘　　要	借 方	贷 方	借或贷	余额
月	日						
11	1	（略）	期初余额			借	210 000
	5		赊销产品	300 000		借	510 000
	12		收到欠款		270 000	借	240 000
	⋮						
11	30		赊销产品	50 000		借	250 000
11	30		本期发生额和期末余额	980 000	940 000	借	250 000
12	1		期初余额			借	250 000

需要结出本年累计发生额的，应当在“摘要”栏内注明“本年累计”字样，并累计出从年初至本月止的累计发生额及余额，然后在下面划通栏单红线。12 月末的“本年累计”就是全年累计发生额及余额，全年累计发生额及余额下应当划通栏单红线。年度终了，要把各账户的余额结转到下一会计年度，并在“摘要”栏内注明“结转下年”字样；在下一会计年度新建有关会计账簿的第一行的余额栏内填写上年结转的余额，并在“摘要”栏内注明“上年结转”字样。把有余额的账户余额结转下年通常有两种做法：一是将本账户年末余额以相反的方向记入下一行（最后一笔账）

的发生额内，例如某账户年末为借方余额，在结账时，将此项余额填列在贷方发生额内（余额如为贷方，则作相反的记录），在“摘要”栏内注明“结转下年”字样，在“借或贷”栏内填“平”字并在余额栏的“元”位上填列“—”符号，表示账目已经结平。二是将本账户年末余额直接记入新账余额栏内即可，不需要编制记账凭证，也不必将余额再记入本年账户的借方或贷方，使本年有余额的账户余额变为零。现以“应付账款”账户为例说明如下（见表 6-8、表 6-9）。

表 6-8

科目名称：应付账款

2018 年		凭证编号	摘　　要	借 方	贷 方	借或贷	余额
月	日						
12	1	（略）	期初余额			贷	160 000
	5		赊销材料		300 000	贷	460 000
	10		支付欠款	200 000		贷	260 000
	⋮						
12	31		赊销材料		150 000	贷	580 000
12	31		本期发生额及期末余额	530 000	950 000	贷	580 000
			结转下年	580 000		平	0

表 6-9

科目名称：应付账款

2019 年		凭证编号	摘　　要	借 方	贷 方	借或贷	余额
月	日						
1	1		上年结转			贷	580 000

第五节　账簿的更换与保管

一、账簿的更换

为了保持会计账簿资料的连续性，在每一会计年度结束、新的会计年度开始时，应按会计制度规定进行账簿的更换。

（1）总账、日记账和大部分的明细账，要每年更换一次。年初，将旧账簿中各账户的余额直接记入新账簿中有关账户新账页的第一行“余额”栏内。同时，在“摘要”栏内加盖“上年结转”戳记，将旧账页最后一行数字下的空格划一条斜红线注销，并在旧账页最后一行“摘要”栏内加盖“结转下年”戳记。在新旧账户之间转记余额，可不必填制凭证。

在年度内，订本账记满更换新账时，办理与年初更换新账簿相似的手续。

（2）部分明细账，如固定资产明细账等，因年度内变动不多，年初可不必更换账簿。但在“摘要”栏内，要加盖“结转下年”戳记，以划分新旧年度之间的金额。

二、账簿的保管

会计账簿、会计凭证和财务会计报表等都是企业重要的经济档案和历史资料，必须妥善保管，不得丢失和任意销毁。

年末结账后，会计人员应在活页账簿前加放“账簿启用表”和“经管账簿人员一览表”，装订成册，并加上封面，统一编号后，与各种订本账一并归档。

各种账簿应当按年度分类归档，编制目录，妥善保管。既保持在需要时能迅速查阅，又保证各种账簿的安全和完整。

各种账簿的保管年限和销毁的审批程序，应按会计制度的规定严格执行。

自测题

一、名词解释

1. 会计账簿　2. 账页　3. 日记账　4. 分类账

5. 备查账　6. 平行登记　7. 划线更正法

8. 红字更正法　9. 补充登记法　10. 对账　11. 结账

二、简答题

1. 设置和运用会计账簿有什么意义？

2. 简述总分类账户和明细分类账户的关系以及平行登记的要点。

3. 登记账簿应遵循哪些基本要求？

4. 更正错账有几种方法？各适用于什么情况？

三、单项选择题

1. 必须逐日逐笔登记的账簿是（　　）。

A. 明细账　　B. 总账　　C. 日记账　　D. 备查账

2. 下列账簿中，不能采用多栏式账页的是（　　）。

A. 总账　　B. 管理费用明细账

C. 现金日记账　　D. 银行存款日记账

3. 不能作为银行存款日记账登记依据的是（　　）。

A. 现金收款凭证　　B. 部分现金付款凭证

C. 银行存款收款凭证　　D. 银行存款付款凭证

4. 产成品明细账通常采用（　　）账簿。

A. 多栏式　　B. 三栏式　　C. 数量金额式　　D. 卡片式

5. 记账凭证上记账栏中“√”记号表示（　　）。

A. 已经登记入账　　B. 已经审核

C. 此凭证作废　　D. 此凭证编制正确

6. 可以采用三栏式的明细账是（　　）。

A. 库存商品明细账　　B. 制造费用明细账

C. 固定资产明细账　　D. 债权债务明细账

7. 记账以后，发现记账凭证中科目正确，但所记金额小于应记的金额，应采用（　　）进行更正。

A. 红字更正法　　B. 平行登记法

C. 补充登记法　　D. 划线更正法

8. 结账前发现账簿的文字或数字发生错误时可以采用的错账更正方法是（　　）。

A. 划线更正法　　B. 红字更正法

C. 补充登记法　　D. 更换凭证法

9. 下列各项中，属于对账中账证核对内容的是（　　）。

A. 银行存款日记账账面余额与开户银行账目定期核对

B. 总分类账户各账户期末余额与银行存款日记账期末余额核对

C. 现金日记账与某日收款凭证核对

D. 总分类账户各账户期末余额与明细分类账的期末余额核对

10. 备查账簿是企业（　　）。

A. 必设账簿　　B. 根据需要设置

C. 内部账簿　　D. 外部账簿

11. 下列各项中，明细账采用的账页适用于三栏式账页的是（　　）。

A. “原材料”账户　　B. “应收账款”账户

C. “管理费用”账户　　D. “销售费用”账户

12. 总分类账簿一般采用（　　）。

A. 活页账　　B. 备查账

C. 订本账　　D. 卡片账

13. 制造费用明细账一般适用（　　）。

A. 多栏式　　B. 三栏式

C. 数量金额式　　D. 平行式

14. 财产物资明细账一般适用（　　）。

A. 多栏式　　B. 三栏式

C. 数量金额式　　D. 平行式

15. 一般情况下，不需要根据记账凭证登记的账簿是（　　）。

A. 明细分类账　　B. 总分类账

C. 备查账簿　　D. 日记账

16. 生产成本明细账一般采用（　　）。

A. 三栏式　　B. 多栏式

C. 数量金额式　　D. 任意格式

17. 现金和银行存款日记账，据有关凭证（　　）。

A. 逐日汇总登记　　B. 定期汇总登记

C. 逐日逐笔登记　　D. 一次汇总登记

18. 总账账簿登记的依据和方法是（　　）。

A. 记账凭证逐笔登记　　B. 汇总记账凭证定期登记

C. 取决于采用的会计核算形式　　D. 科目汇总表定期登记

19. 租入固定资产备查登记簿按用途分类属于（　　）。

A. 分类账簿　　B. 通用日记账

C. 备查账簿　　D. 专用日记账

20. 会计人员在结转前发现，在根据记账凭证登记入账时，误将600元记成6 000元，而记账凭证无误，应采用（　　）。

A. 补充登记法　　B. 划线更正法

C. 红字更正法　　D. 蓝字登记法

21. 活页账簿与卡片账簿可适用于（　　）。

A. 现金日记账　　B. 联合账簿

C. 通用日记账　　D. 明细分类账

22. 材料明细账一般采用（　　）。

A. 卡片式　　B. 数量金额式

C. 三栏式　　D. 多栏式

23. 固定资产明细账一般采用（　　）。

A. 三栏式　　B. 数量金额式

C. 多栏式　　D. 卡片式

24. 新的会计年度开始，启用新账时，可以继续使用，不必更换新账的是（　　）。

A. 总分类账　　B. 银行存款日记账

C. 固定资产卡片　　D. 管理费用明细账

四、多项选择题

1. 下列各项中，属于对账内容的有（　　）。

A. 明细账与总账核对　　B. 库存商品账与实物核对

C. 往来账与业务合同核对　　D. 记账凭证与原始凭证核对

E. 库存现金与现金日记账核对

2. 下列账簿中，必须采用订本式账簿的有（　　）。

A. 明细账　　B. 总账

C. 现金日记账　　D. 银行存款日记账

E. 备查账

3. 下列各项中，可以采用多栏式明细账簿的有（　　）。

A. 生产成本　　B. 管理费用

C. 原材料　　D. 应收账款

E. 制造费用

4. 现金日记账的登记依据包括（　　）。

A. 现金收款凭证　　B. 现金付款凭证

C. 转账凭证　　D. 银行存款收款凭证

E. 部分银行存款付款凭证

5. 明细分类账采用的格式有（　　）。

A. 三栏式　　B. 多栏式

C. 数量金额式　　D. 订本式

E. 联合式

6. 明细分类账可以直接根据（　　）登记。

A. 记账凭证　　B. 原始凭证

C. 科目汇总表　　D. 汇总原始凭证

E. 备查账

7. 下列情况中，可以使用红色墨水记账的有（　　）。

A. 按照红字冲账的记账凭证，冲销错误记录

B. 在不设借贷的多栏式账页中，登记减少数

C. 在三栏式账户的余额前，如未印明余额方向的，在余额栏内登记负数余额

D. 进行年结、月结时划线

E. 补充登记时

8. 下列情况中，可以使用红字更正法的有（　　）。

A. 记账凭证中所记金额大于原始凭证中的应记金额，且已入账

B. 记账凭证中所记金额小于原始凭证中的应记金额，且已入账

C. 记账凭证中的应借、应贷科目错误，且已入账

D. 记账凭证中的应借、应贷金额错误，且已入账

E. 记账凭证无错，登账时发生数字错误

9. 银行存款日记账登记的依据包括（　　）。

A. 银行存款收款凭证　　B. 银行存款付款凭证

C. 部分现金收款凭证　　D. 部分现金付款凭证

E. 转账凭证

10. 关于债权债务明细分类账，下列说法中正确的有（　　）。

A. 为了详细反映结算情况而采用多栏式

B. 根据有关收款凭证记账　　C. 根据有关付款凭证记账
D. 根据有关转账凭证记账　　E. 采用三栏式格式

11. 任何会计主体都必须设置的账簿有（　）。
A. 日记账　　B. 辅助账簿
C. 总分类账簿　　D. 备查账簿
E. 明细分类账

12. 现金、银行存款日记账的账页格式有（　）。
A. 三栏式　　B. 活页式
C. 订本式　　D. 数量金额式
E. 联合式

13. 多栏式明细分类账的账页格式适用于（　）。
A. 应收账款明细账　　B. 管理费用明细账
C. 主营业务收入　　D. 材料采购
E. 本年利润

14. 对账的具体内容包括（　）。
A. 账证核对　　B. 账账核对
C. 账表核对　　D. 账内核对
E. 账实核对

15. 必须每年更换的账簿有（　）。
A. 普通日记账　　B. 总分类账簿
C. 明细分类账　　D. 固定资产卡片
E. 特种日记账

五、判断题

1. 总分类账和明细分类账一律都是根据记账凭证登记的。（　）

2. 记账以后，发现所记金额小于应记金额，但记账凭证正确，应采用红字更正法进行更正。（　）

3. 备查账簿是对某些在日记账和分类账中未能记录的事项进行补充登记的账簿，因此，各单位必须设置。（　）

4. 在整个账簿体系中，序时账和分类账是主要账簿，备查账为辅助账簿。（　）

5. 现金日记账和银行存款日记账必须采用订本式账簿，但企业可以

用银行对账单代替日记账。（　　）

6. 结账之前，如果发现账簿中所记的文字或数字错误有过账笔误，而记账凭证并没有错，应采用划线更正法进行更正。（　　）

7. 登记账簿必须用蓝、黑墨水书写，不得使用圆珠笔或铅笔书写。（　　）

8. 总账采用订本式账簿，账页格式为多栏式。（　　）

9. 账簿中书写的文字和数字上面要留有适当的空格，不要写满格，一般应占格距的1/2 。（　　）

六、核算题

1. 某工厂2018年11月30日银行存款日记账余额为300 000元；现金日记账余额为3 000元。12月发生下列收付业务：

（1）3日，投资者投入现金25 000元，存入银行（银收801号）。

（2）3日，以银行存款10 000元归还短期借款（银付801号）。

（3）5日，以银行存款20 000元偿还应付账款（银付802号）。

（4）5日，以现金1 000元存入银行（现付801号）。

（5）10日，用现金暂付职工差旅费800元（现付802号）。

（6）10日，从银行提取现金2 000元备用（银付803号）。

（7）11日，收到应收账款50 000元存入银行（银收802号）。

（8）13日，以银行存款45 200元（含税）支付购买材料款（银付804号）。

（9）14日，用现金500元支付职工福利（现付803号）。

（10）14日，以银行存款18 000元发放职工工资（银付805号）。

（11）19日，销售产品一批，货款56 500元（含税）存入银行（银收803号）。

（12）24日，用银行存款支付销售费用4 100元（银付806号）。

要求：登记银行存款日记账及现金日记账，并结出12月份的累计发生额及余额。

2.（1）四平工厂2018年12月1日“原材料”“应付账款”总分类账户和明细分类账户的期初余额如下：

①“原材料”总分类账户及其所属明细分类账户（按材料名称设）的月初余额如下：

名称	数量	单价（元）	金额（元）
甲材料	300 吨	500	150 000
乙材料	900 公斤	40	36 000
“原材料”借方余额 186 000 元			

②“应付账款”总分类账户及其所属明细分类账户（按付款单位名称设）的月初余额如下：

光明工厂	贷方余额 15 000 元
东方工厂	贷方余额 8 000 元
“应付账款”贷方余额 23 000 元	

(2) 本月发生如下经济业务：

①向阳光工厂购入以下材料，增值税税率 13%，货款未付。材料已验收入库。

名称	数量	单价（元）	金额（元）
乙材料	400 公斤	40	16 000
丙材料	1 000 件	25	25 000
合计			41 000

②以银行存款 10 000 元偿还前欠光明工厂货款。

③向东方工厂购入丙材料 200 件，单价为 25 元，增值税税率 13%，货款暂欠，材料已验收入库。

④仓库本月发出以下材料投入生产：

名称	数量	单价（元）	金额（元）
甲材料	200 吨	500	100 000
乙材料	500 公斤	40	20 000
丙材料	700 件	25	17 500
合计			137 500

要求：

(1) 根据资料 (1) 开设“原材料”和“应付账款”总分类账户及所属明细分类账户并填入期初余额。

（2）根据资料（2）编制会计分录，登记“原材料”和“应付账款”总分类账户及所属明细分类账户（其他账户从略）。

（3）将“原材料”和“应付账款”总分类账户的本期发生额和期末余额分别与所属明细分类账户的本期发生额和期末余额进行核对，看账账是否相符。

3. 某企业将账簿记录与记账凭证进行核对时，发现下列经济业务内容的账簿记录有误：

（1）开出现金支票600元，支付企业管理部门日常零星开支。原编记账凭证的会计分录为：

借：管理费用　　600

　贷：库存现金　　600

（2）结转本月实际完工产品的生产成本49 000元。原编记账凭证的会计分录为：

借：库存商品　　94 000

　贷：生产成本　　94 000

（3）购入材料一批，计货款7 600元（含增值税，税率为13%）。原编记账凭证的会计分录为：

借：在途物资　　7 600

　贷：银行存款　　7 600

（4）计提本月管理用固定资产折旧费4 100元。原编记账凭证的会计分录为：

借：管理费用　　1 400

　贷：银行存款　　1 400

（5）核算本月应付职工薪酬，其中生产工人职工薪酬为14 000元，管理人员职工薪酬为3 400元。原编记账凭证的会计分录为：

借：生产成本　　1 400

　　管理费用　　340

　贷：应付职工薪酬　　1 740

（6）结转本期商品销售收入480 000元。原编记账凭证的会计分录为：

借：本年利润　　450 000

　贷：主营业务收入　　450 000

(7) 用银行存款支付所欠供货单位货款 7 600 元。原编记账凭证的会计分录为：

借：应付账款　　6 700

　贷：银行存款　　6 700

(8) 以现金支付采购人员差旅费 2 000 元。原编记账凭证的会计分录为：

借：其他应付款　　2 000

　贷：库存现金　　2 000

(9) 车间管理部门出差回来报销差旅费 1 900 元，交回现金 100 元，予以转账。原编记账凭证的会计分录为：

借：管理费用　　1 900

　　库存现金　　100

　贷：其他应收款　　2 000

要求：将上列各项经济业务的错误记录，分别以适当的更正错误方法予以更正。

CHAPTER

7 第七章 成本计算

第一节 成本计算的意义和内容

企业在生产经营过程中不断地发生人力、物力、财力的耗费，这些耗费的货币表现称为费用。各种费用归集到一定的对象上，就是该对象的成本。把企业在采购过程中发生的费用归集到采购的各种材料上，就是各种采购材料的成本；把企业在生产过程中发生的费用归集到各种产品上，就是各种产品的成本。

具体地讲，成本计算主要具有以下两方面的意义。

一、正确计算企业损益

损益是收入减去成本、费用的差额。如果收入大于成本、费用，余额部分称为“利润”；如果收入小于成本、费用，余额部分称为“亏损”。在收入确定的情况下，成本算得多，损益就少；成本算得少，损益就多。如果形成利润，应对利润进行分配；如果出现亏损，所有者应按其比例承担亏损，并采用一定的方式弥补亏损。所以，成本计算的正确与否会影响利润计算的准确性，进而影响企业与国家和投资者之间的分配关系。因此，各个企业必须分清各种产品成本的界限，分清在产品成本和产成品成本的界限，不得任意压低或提高在产品和产成品的成本。

二、准确反映企业财务状况

企业拥有多少资产，其形态如何，是企业的各利害关系人所关心的。资产负债表的左方反映的就是企业资产总值及其形态等内容。通过资产与负债的对比分析，可以了解企业的偿债能力和经营实力。如果资产价值反映不实，就不能起到这种作用。而某一实物资产的价值就是取得或形成该资产的成本。所以，必须正确计算成本，从而正确反映资产价值，准确反映企业财务状况。

第二节　成本计算的基本程序

各企业生产经营的特点和管理要求不同，同一企业各经营过程的特点和管理要求也不同，所以，应采用不同的成本计算方法进行成本计算。但是各成本计算方法的基本程序是相同的，都包括以下几个程序。

一、确定成本计算对象

成本计算对象，是指费用归集的对象。例如，为采购各种材料发生的费用，应当以所采购的各种材料为成本计算对象；为生产各种产品所发生的费用，应当以所生产的各种产品为成本计算对象。确定了成本计算对象，就可以据以开设明细分类账，进行各种对象的成本计算。

二、确定成本项目

成本项目，是指各种费用按其用途的分类。构成成本的费用，其具体用途不一样。例如，构成采购成本的费用，有的用于购买材料的货款，有的用于支付运杂费等采购费用；构成生产成本的费用，有的直接用于产品生产，有的则用于组织和管理生产；直接用于产品生产的费用也各有不同用途，有的是构成产品实体的原材料费用，有的是生产工人职工薪酬费用，等等。为了正确进行成本的考核、分析，不仅需要计算各种采购材料、完工产品等的总成本和单位成本，还要反映成本中各类用途的费用数额。这就需要将构成成本的费用按各个成本项目进行归集，计算成本。成本明细分类账户是多栏式账页，是按成本项目设置专栏的。

三、确定费用的归集、分配程序和方法

（1）要严格遵守成本开支范围，把费用划分为成本开支、期间费用和营业外支出等，不能把非成本开支计入成本。

（2）要把属于成本开支的费用划分为直接费用和间接费用。直接费用是直接用于采购材料、产品生产的费用，例如，构成产品实体的原材料、生产工人职工薪酬是生产过程的直接费用。间接费用是间接用于采购材料、产品生产的费用，例如，生产车间用于组织、管理生产的费用是生产过程的间接费用。直接费用大多直接计入各有关对象的成本明细分类账。间接费用一般先设置账户归集，月末再分配转入各有关对象的成本明细分类账。例如，生产车间发生的管理费用应先设置“制造费用”账户进行归集和分配。

（3）确定费用的分配方法。间接费用往往是几种对象共同受益，应在各受益对象间合理分配。例如，某部门发生的制造费用应在该部门生产的各种产品间分配。直接费用也可能是几种对象共同受益，同样需要在各受益对象间合理分配。例如，生产工人职工薪酬往往需要在该部门生产的各种产品间分配。要合理分配，就要合理确定分配标准，且不应随意变更分配标准。

第三节　材料采购成本的计算

材料采购成本的计算，就是以采购的各种材料作为成本计算对象分别设置“在途物资”明细分类账户，归集和分配采购过程中发生的材料买价和各项采购费用，并按成本项目计算出各种采购材料的实际总成本和单位成本。采购材料的成本一般由买价和采购费用构成。

【例 7-1】 某企业 12 月份购进的各种材料发生的各项费用汇总如表 7-1 所示。

表 7-1

材料名称	重量（吨）	单价（元）	买价（元）	运费（元）
甲材料	10	800	8 000	400
乙材料	20	1 250	25 000	1 000
丙材料	40	2 500	100 000	丙、丁合计 10 000
丁材料	60	2 800	168 000	
合计			301 000	11 400

上述材料中，四种材料的买价受益对象明确，应直接记入各有关“在途物资”明细分类账户借方的“买价”栏目。

甲材料运费 400 元，乙材料运费 1 000 元，同样受益对象明确，应直接记入甲材料、乙材料“在途物资”明细分类账户借方的“运费”栏目。

丙、丁两种材料的运费 10 000 元，应由丙、丁材料共同负担，需要按一定的方法在两种材料之间进行分配，然后将分配结果记入丙材料、丁材料“在途物资”明细分类账户借方的“运费”栏目。

要进行分配，先得确定分配标准。由于运费一般是按照材料的重量或体积计收的，因此一般以重量或体积作为其分配标准。本例以重量作为分配标准。将共同发生的运费总额除以两种材料的总重量，得出每一吨材料应负担的运费，一般称分配率；将分配率乘以各种材料的重量，得出各种材料应负担的运费。其计算过程如下：

分配率＝10 000÷(40＋60)＝100

丙材料应分摊的运费＝100×40＝4 000（元）

丁材料应分摊的运费＝100×60＝6 000（元）

现将四种材料的在途物资明细分类账和材料采购成本计算表分别列示如下（见表 7-2 至表 7-6）。

表 7-2　　在途物资明细分类账（1）

材料名称：甲材料

2018 年		凭证号数	摘　要	借　方			贷方
月	日			买价	运费	合计	
12	（略）	（略）	向永新公司购入材料买价	8 000		8 000	
			支付运费		400	400	
			结转本月采购成本				8 400
			本月合计	8 000	400	8 400	8 400

表 7-3　　在途物资明细分类账（2）

材料名称：乙材料

2018 年		凭证号数	摘　　要	借　　方			贷方
月	日			买价	运费	合计	
12	（略）	（略）	向大达公司购入材料买价	25 000		25 000	
			发生运费		1 000	1 000	
			结转本月采购成本				26 000
			本月合计	25 000	1 000	26 000	26 000

表 7-4　　在途物资明细分类账（3）

材料名称：丙材料

2018 年		凭证号数	摘　　要	借　　方			贷方
月	日			买价	运费	合计	
12	（略）	（略）	向东亚公司购入材料买价	100 000		100 000	
			分配运费		4 000	4 000	
			结转本月采购成本				104 000
			本月合计	100 000	4 000	104 000	104 000

表 7-5　　在途物资明细分类账（4）

材料名称：丁材料

2018 年		凭证号数	摘　　要	借　　方			贷方
月	日			买价	运费	合计	
12	（略）	（略）	向东亚公司购入材料买价	168 000		168 000	
			分配运费		6 000	6 000	
			结转本月采购成本				174 000
			本月合计	168 000	6 000	174 000	174 000

表 7-6　　材料采购成本计算表

2018 年 12 月

项目		买价	运费	合计
甲材料	总成本	8 000	400	8 400
	单位成本	800	40	840
乙材料	总成本	25 000	1 000	26 000
	单位成本	1 250	50	1 300

续表

项目		买价	运费	合计
丙材料	总成本	100 000	4 000	104 000
	单位成本	2 500	100	2 600
丁材料	总成本	168 000	6 000	174 000
	单位成本	2 800	100	2 900

第四节　产品生产成本的计算

产品生产成本的计算，就是以生产的各种产品作为成本计算对象，分别设置“生产成本”明细分类账户，归集和分配生产过程中发生的各项生产费用，并按成本项目计算出各种产品的生产总成本和单位成本。

一、产品生产成本的构成

对于应计入产品成本的费用可划分为直接材料、直接人工和制造费用等产品成本项目。

（一）直接材料

直接材料是指直接用于产品生产，构成产品实体的原料及主要材料、外购半成品、有助于产品形成的辅助材料以及其他直接材料。

（二）直接人工

直接人工是指参加产品生产的工人工资以及按生产工人工资总额和规定的比例计算提取的职工福利、工会经费、职工教育经费、社会保险费和住房公积金等职工薪酬。

（三）燃料和动力

燃料和动力是指直接用于产品生产的外购和自制的燃料和动力费。如果产品成本中燃料和动力费占的比重很小，也可以将其并入制造费用项目。

（四）制造费用

制造费用是指为生产产品所发生的各项间接费用，包括职工薪酬、折旧费、办公费、水电费、劳动保护费以及其他制造费用。它不包括企业行政管理部门为组织和管理生产经营活动而发生的管理费用。

二、产品生产成本的计算方法

下面通过案例介绍产品实际生产成本的计算方法。

【例 7-2】 某企业 2018 年生产甲、乙产品所发生的各项生产费用，按其用途归集如表 7-7 所示。

表 7-7

产品名称	完工数量(吨)	原材料	生产工人工资	生产工人职工福利等	制造费用
甲产品	20	27 900	40 000	20 000	甲、乙产品
乙产品	—	139 000	60 000	30 000	合计 36 000
合计	—	166 900	100 000	50 000	36 000

表中原材料、生产工人工资和生产工人职工福利等职工薪酬受益对象明确，应直接记入甲、乙产品“生产成本”明细分类账户借方的有关栏目。制造费用在发生时先单独归集，即在“制造费用”账户借方登记。本月发生的制造费用共 36 000 元，由甲、乙产品共同受益。所以，月末需要按一定的方法在两种产品之间进行分配，然后将分配结果记入甲产品、乙产品“生产成本”明细分类账户借方的“制造费用”栏目。

分配制造费用的标准一般有生产工时或生产工人工资。本例采用生产工人工资作为分配标准。

分配率＝36 000÷(40 000＋60 000)＝0.36

甲产品应分摊的制造费用＝0.36×40 000＝14 400（元）

乙产品应分摊的制造费用＝0.36×60 000＝21 600（元）

制造费用的分配，一般是通过编制“制造费用分配表”来完成的，其格式和编制方法如表 7-8 所示。

表 7-8 **制造费用分配表**

2018 年 12 月

产品名称	分配标准（生产工人工资）	分配率	分配金额
甲产品	40 000	0.36	14 400
乙产品	60 000	0.36	21 600
合计	100 000	—	36 000

现将甲、乙产品生产成本明细分类账和完工产品成本计算表列示如下（见表 7-9、表 7-10 和表 7-11）。

表 7-9 **生产成本明细分类账（1）**

产品名称：甲产品

2018 年		凭证号数	摘要	借方				贷方
月	日			原材料	职工薪酬	制造费用	合计	
12	（略）	（略）	领用材料	27 900			27 900	
			生产工人职工薪酬		60 000		60 000	
			分配制造费用			14 400	14 400	
			本月合计	27 900	60 000	14 400	102 300	
			结转完工产品成品					102 300

表 7-10 **生产成本明细分类账（2）**

产品名称：乙产品

2018 年		凭证号数	摘要	借方				贷方
月	日			原材料	职工薪酬	制造费用	合计	
12	（略）	（略）	领用材料	139 000			139 000	
			生产工人职工薪酬		90 000		90 000	
			分配制造费用			21 600	21 600	
			本月合计	139 000	90 000	21 600	250 600	
			期末余额	139 000	90 000	21 600	250 600	

表 7-11　　　　完工产品成本计算表

2018 年 12 月

成本项目	甲产品	
	总成本（20 吨）	单位成本
原材料	27 900	1 395
职工薪酬	60 000	3 000
制造费用	14 400	720
合计	102 300	5 115

自测题

一、名词解释

1. 成本计算对象　2. 成本项目　3. 直接费用　4. 间接费用

5. 直接材料　6. 直接人工　7. 制造费用

二、简答题

1. 什么是成本？为什么要计算成本？
2. 材料采购成本的构成内容是什么？
3. 产品生产成本的构成内容是什么？
4. 成本计算的基本程序是什么？

三、单项选择题

1. 下列各项中，不属于材料采购成本构成项目的是（　　）。

A. 材料的买价　　B. 运费

C. 运输途中的合理损耗　　D. 增值税款

2. 就所有会计期间费用和成本的累计发生额而言，（　　）。

A. 费用等于成本　　B. 费用小于成本

C. 费用大于成本　　D. 费用与成本没有关系

3. 产品制造成本的成本项目中不包括（　　）。

A. 直接材料　　B. 直接人工

C. 制造费用　　D. 生产费用

4. 下列各项中，属于企业期间费用的是（　　）。

A. 制造费用　　B. 直接工资

C. 管理费用　　D. 直接材料

5. 某企业本月发生厂部管理人员职工薪酬 15 000 元，生产车间管理人员职工薪酬 3 000 元，计提生产车间设备折旧费 1 200 元。假定该企业无其他成本费用项目。该企业本月制造费用发生额为（　　）元。

A. 18 000　　B. 4 200

C. 19 200　　D. 3 000

四、多项选择题

1. 下列各项中，构成材料采购成本的有（　　）。

A. 材料的买价　　B. 采购费用

C. 增值税进项税额　　D. 关税

E. 采购人员的差旅费

2. 下列各项中，可以用来作为分配材料采购费用标准的有（　　）。

A. 材料的买价　　B. 材料的重量

C. 材料的种类　　D. 材料的体积

E. 以上各项均可以

3. 产品制造成本的成本项目包括（　　）。

A. 燃料和动力　　B. 直接材料

C. 直接人工　　D. 管理费用

E. 制造费用

4. 成本计算的主要程序包括（　　）。

A. 确定成本计算期　　B. 确定成本计算对象

C. 确定成本项目　　D. 归集和分配有关费用

E. 设置并登记有关账簿

五、判断题

1. 产品成本也就是产品的制造成本。（　　）

2. 工业企业发生的职工薪酬费用不一定都计入生产成本。（　　）

3. 企业购入的原材料的采购成本中包括增值税进项税额。（　　）

4. 费用和成本是既有联系又有区别的两个概念，费用与特定的计算对象相联系，而成本与特定的会计期间相联系。（　　）

六、核算题

1. 东方工厂 2019 年 7 月发生的采购过程经济业务如下：

(1) 从外地甲工厂购入 A 材料 8 000 公斤，每公斤 60 元（不含税），发生运费 16 000 元，买价及运费均以银行存款付讫。

（2）A材料运抵企业，验收入库。

（3）从外地乙公司购入B材料2 000公斤，每公斤18元（不含税），发生运费4 000元由乙公司代垫，买价及运费尚未支付。

（4）B材料运抵企业，验收入库。

（5）向外地丙公司购入C材料1 500公斤，每公斤8元（不含税）；D材料3 000公斤，每公斤12元（不含税）。两种材料共同发生运费900元。买价和运费均以银行存款付讫。运费应按照两种材料的重量比例分配。

（6）上述材料增值税税率为13%，运费增值税税率为9%。

要求：

（1）根据上述经济业务编制会计分录。

（2）登记“在途物资”、“原材料”、“应付账款”总分类账户和明细分类账户。

2. 甲工厂2019年7月发生的生产过程经济业务如下：

（1）为生产A产品领用甲材料5 000公斤，每公斤62元；乙材料1 500公斤，每公斤20元。为生产B产品领用丙材料1 200公斤，每公斤8.2元；丁材料2 000公斤，每公斤12.2元。产品生产车间一般耗用领用乙材料20公斤，每公斤20元。

（2）以银行存款120 000元发放职工工资。

（3）分配结转本月职工薪酬，其中：生产A产品工人工资30 000元，生产B产品工人工资60 000元，车间管理人员工资30 000元；生产A产品工人职工福利等15 000元，生产B产品工人职工福利等30 000元，车间管理人员职工福利等15 000元。

（4）提取本月生产车间固定资产折旧5 600元。

（5）生产车间发生设备修理费1 500元，以银行存款支付。

（6）按A、B产品工人工资分配结转本月发生的制造费用共52 500元。

（7）月末A产品100件、B产品50件全部完工，验收入库。

要求：登记“生产成本”多栏式明细分类账，编制制造费用分配表、产品成本计算表。

CHAPTER

8

第八章 借贷记账法综合实训

第一节 借贷记账法实例操作

一、案例资料

【例 8-1】 南华工厂为增值税一般纳税人，增值税税率 13%，2018 年 12 月份总分类账户期初余额如表 8-1 所示。

表 8-1 南华工厂总分类账户期初余额表

2018 年 12 月 01 日 单位：元

账户名称	借方	贷方
库存现金	4 000	
银行存款	120 000	
应收账款	56 780	
在途物资	0	
原材料	105 000	
生产成本	55 000	
制造费用	0	
库存商品	11 500	
预付账款	0	
固定资产	1 950 000	
累计折旧		810 000

续表

账户名称	借方	贷方
应付账款		431 000
预收账款		0
应付职工薪酬		15 000
应付股利		0
应交税费		34 000
其他应付款		500
实收资本		513 280
盈余公积		8 000
本年利润		478 500
利润分配		12 000
主营业务收入		0
其他业务收入		0
主营业务成本	0	
其他业务成本	0	
管理费用	0	
营业外支出	0	
所得税费用	0	
合计	2 302 280	2 302 280

2018 年 12 月份发生的经济业务如下：

（1）接受投资：12 月 3 日，收到国家投资 800 000 元，款项存入银行。

（2）取得借款：12 月 3 日，向中国工商银行借入款项 150 000 元，期限为半年，年利率为 6%，按季计息，借入款项存入银行。

（3）购买固定资产：12 月 4 日，购入生产用设备一台，货款 200 000 元，增值税款 26 000 元，以银行存款支付。

（4）购买材料：12 月 5 日，从 A 公司购入甲材料 5 000 千克，每千克 20 元，材料尚未验收入库，款项已用银行存款支付，增值税税率 13%。

（5）购买材料：12 月 6 日，从 B 公司购入乙材料 4 000 千克，每千克 30 元，材料尚未验收入库，款项尚未支付，增值税税率 13%。

（6）材料入库：12 月 7 日，甲、乙两种材料验收入库。

（7）预付货款：12 月 10 日，以银行存款 15 000 元预付给 C 公司，用于购买丙材料。

（8）购买材料且材料入库：12 月 12 日，收到 C 公司的丙材料，材料验收入库，该批材料的货款 20 000 元，增值税税率 13%，除冲销预付账款 15 000 元以外，以银行存款支付其余的款项。

（9）领用材料：12 月 13 日，仓库发料汇总，如表 8-2 所示。

表 8-2　　**仓库发料汇总表**　　单位：元

项目	甲材料	乙材料	合计
产品耗用	62 400	79 980	142 380
车间一般耗用	10 400	10 000	20 400
管理部门领用	5 200	5 000	10 200
合计	78 000	94 980	172 980

（10）核算职工薪酬：12 月 14 日，核算本月职工薪酬，工资总额 60 000 元，其中：生产工人工资 50 000 元，车间管理人员工资 3 000 元，企业管理人员工资 7 000 元；按工资总额的 50%计提社会保险费等职工薪酬。

（11）提现：12 月 14 日，从银行存款中提取现金 600 元，以备零星支出。

（12）发放工资：12 月 14 日，以银行存款 60 000 元支付职工工资。

（13）计提折旧：12 月 21 日，计提固定资产折旧额为 45 000 元，其中：生产车间的固定资产应提折旧 40 000 元，管理部门的固定资产应提折旧 5 000 元。

（14）预付报刊费：12 月 21 日，以银行存款预付下一个年度报刊费 1 600 元，其中：车间用报刊费 600 元，管理部门用报刊费 1 000 元。

（15）结转制造费用：12 月 24 日，汇总结转本月制造费用 65 500 元。

（16）结转生产成本：12 月 24 日，结转本月完工入库产品的成本，本月完工入库产品共计 520 件，总成本 265 200 元，单位产品成本 510 元。

（17）销售商品：12 月 24 日，向 E 公司销售产品 100 件，每件售价 660 元，产品已发出，货款尚未收到。

（18）销售商品：12 月 25 日，向 F 公司销售产品 250 件，每件售价 700 元，产品已发出，款项已收到，存入银行。

（19）收到预收款：12 月 25 日，按合同规定收到 D 公司预付货款 20 000 元，存入银行。

（20）销售商品：12 月 26 日，按合同约定向 D 公司发出预收货款的产品 120 件，每件售价 680 元，计 81 600 元。

（21）收到货款：12 月 26 日，收到 D 公司补付的款项 72 208 元，存入银行。

（22）材料销售：12 月 26 日，出售材料一批，材料成本 15 000 元，价值 20 000 元，增值税税率 13%。款项收到，存入银行。

（23）结转商品销售成本：12 月 26 日，汇总结转本期已售产品的生产成本。

（24）确认罚款支出：12 月 26 日，因违约被罚款 200 元，以现金支付。

（25）结转损益类账户：12 月 31 日，将各损益类账户的余额转入“本年利润”账户。1 月至 11 月损益类账户发生额汇总情况：主营业务收入贷方发生额为 3 587 100 元，主营业务成本借方发生额为 2 801 700 元，销售费用借方发生额为 5 500 元，管理费用借方发生额为 299 200 元，营业外支出借方发生额为 2 200 元。

（26）核算并结转所得税费用：12 月 31 日，计算并结转本年度企业所得税额，企业所得税税率为 25%。

（27）结转净利润：12 月 31 日，将“本年利润”账户余额转入“利润分配”账户。本企业 2018 年度综合收益总额等于净利润。

（28）提取盈余公积：12 月 31 日，按综合收益总额的 10%提取盈余公积。

（29）分配利润：12 月 31 日，按综合收益总额的 20%分配利润。

（30）缴纳税款：12 月 31 日，以银行存款预缴当月增值税 34 000 元。

（31）偿还货款：12 月 31 日，以银行存款偿还 B 公司货款 30 000 元。

（32）支付职工福利：12 月 31 日，以现金支付职工困难补助 600 元。

二、编制记账凭证

（一）编制记账凭证时需注意的问题

根据经济业务的内容和性质，选择适用的收款凭证、付款凭证和转账凭证；根据审核无误的原始凭证编制相应的收款凭证、付款凭证和转账凭证。在编制记账凭证时需注意如下问题：

（1）各种凭证的书写要用蓝色、黑色墨水，文字简明扼要，字迹清晰，易于辨认，不得使用未经国家颁布的简化字。

（2）汉字和大小写金额数字要符合规格，正确填写。汉字一律按照规定用正楷或者行书体书写，大写金额数字应一律用如壹、贰、叁、肆、伍、陆、柒、捌、玖、拾、佰、仟、万、亿、元、角、分、零、整、正等，不得任意自造简化字；大写金额数字到元或角为止的，在“元”或“角”字的后面应当写“整”字或者“正”字；大写数字有分的，则以分结束即可；当金额数字中间有“0”时，如 20 005.25 元，大写金额中可以只写一个“零”字，为贰万零伍元贰角伍分。当填制印刷有固定金额位数的会计凭证时，汉字大写数字前如有空位时，应当用“¥”符号封顶。

（3）阿拉伯数字书写要规范。阿拉伯数字一般应紧贴底线书写，其高度约占横格高度的$\frac{1}{2}$，一般高低一致，但“6”的起笔应上提（比其他的数伸出$\frac{1}{4}$），“7”、“9”的落笔要下拉出格至一般数字的$\frac{1}{4}$即同其他数字相比上端缩进$\frac{1}{4}$而下端伸出$\frac{1}{4}$。书写阿拉伯数字时应有一定的斜度，倾斜角度的大小应以笔顺书写方便、好看易认为准，一般掌握为上端向右倾斜 60 度左右。为了防止涂改，对有竖划的数字的写法应有明显的区别，如“6”的竖划应偏左，“4”、“7”、“9”的竖划应偏右，“1”应写在中间。阿拉伯数字的书写规范如图 8-1 所示。阿拉伯数字要逐个写清楚，不得连笔书写；在数字前应填写人民币符号“¥”，货币符号与数字之间不得留有空白，凡阿拉伯数字前写有货币符号的，数字后不再写货币单位。

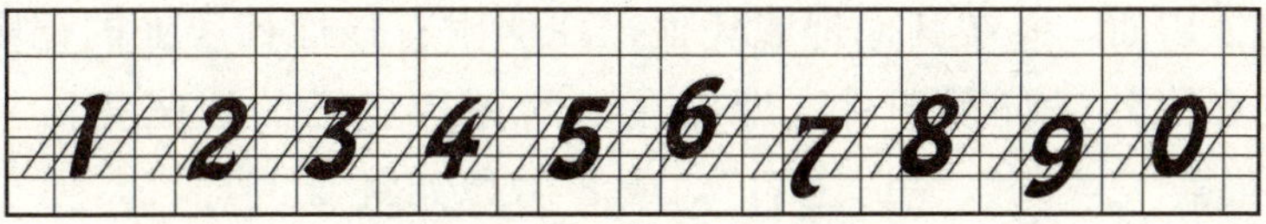

图 8-1　阿拉伯数字的书写规范

（4）对于库存现金、银行存款之间的划转业务，如以库存现金存入银行或从银行提取库存现金，只填制一张付款凭证。即在以库存现金存入银行时，只填制库存现金付款凭证；从银行提取库存现金时，只填制银行付款凭证。在过账时，根据付款凭证同时记入“库存现金”及“银行存款”账户。

（5）记账凭证中的时间用阿拉伯数字填写，在一位数的月份和日期之前填加“0”字，以防被更改。如 2018 年 12 月 1 日应填写为 2018 年 12 月 01 日。

（6）为方便登记账簿，记账凭证中的“摘要”栏应简明扼要，应保证登记现金日记账、银行存款日记账、总分类账和明细分类账的摘要与记账凭证的摘要相同。

（7）应根据《企业会计准则》附录选择设置正确的总账科目和明细账科目，不得任意简化或改动，不得只写科目编号，不写科目名称。

（8）记账凭证应在一个月内连续编号，且分别按库存现金收入、库存现金付出、银行存款收入、银行存款付出和转账五类进行编号，记账凭证的编号应分别为现收字第×号、现付字第×号、银收字第×号、银付字第×号、转字第×号，并应该在月末最后一张记账凭证的编号旁加注“全”字，以便检查是否有散失和舞弊行为。一笔经济业务需要编制多张记账凭证时，可采用“分数编号法”，如一笔业务需要填三张凭证，凭证顺序总号为第 20 号，则三张凭证可分别编为第 $20\frac{1}{3}$号、第 $20\frac{2}{3}$号、第 $20\frac{3}{3}$号，其中整数部分为顺序号（或称总号），分数中分母表示该项业务有三张凭证，分子则表示三张中的第一、第二、第三张。

（9）附单据张数应当大写。如果记账凭证中附有原始凭证汇总表，应该把所附的原始凭证和原始凭证汇总表的张数一起计入附件张数之内。如果一张原始凭证涉及多张记账凭证，可以把原始凭证附在一张主要的记账凭证后面，并在其他记账凭证上注明附有该原始凭证的记账凭证编号或者原始凭证复印件，即应在未附原始凭证的记账凭证上注明“附件在第×号记账凭证之后”，或者附原始凭证复印件，便于日后查阅。

（10）记账凭证的金额必须与原始凭证的金额相符。在填写金额数字时，阿拉伯数字书写要规范，应平行对准借贷栏次和科目栏次，防止错栏串行；金额数字要填写到分位，如果角位和分位均没有数字，则要在角、分位上写“00”字样；如果角位有数字，分位没有数字，则要在分位上写“0”字样；角、分位与元位的位置应在同一水平线上，不得上下错开。记账凭证应按行次逐项填写，不得跳行或留有空行，对记账凭证中的空行，应该划斜线或一条“s”形线注销。划线应从金额栏最后一笔金额数字下的空行划到合计数行上面的空行，要注意斜线两端都不能划到金额数字的行次上。每笔经济业务填入金额数字后，要在记账凭证的“合计”行填写合计金额。一笔经济业务因涉及会计科目较多，需在一张记账凭证上填写多行或填写多张记账凭证的，一般在每张记账凭证的合计行填写合计金额，并应在合计数前面填写货币符号“￥”，不是合计数则不填写货币符号。在填列每张记账凭证“合计”金额时，应分别借方金额和贷方金额填写包括本张记账凭证之前所列金额之和，填写最后一张记账凭证“合计”金额时，借方金额和贷方金额应当相等。

（11）记账凭证不能涂改，如发现填列错误应及时重新填写，如果发现记账凭证有误时已经登记账簿，应按照规定更正错误。

（12）记账凭证中的“记账符号”栏，应在根据记账凭证登记账簿时划“√”予以标记，以免重复登账或漏登账。

（二）编制 2018 年 12 月份经济业务的记账凭证

（1）接受投资。

收 款 凭 证

借方科目 银行存款　　2018 年 12 月 03 日　　银收 字第 1 号

摘要	贷方总账科目	明细科目	记账符号	千	百	十	万	千	百	十	元	角	分
接受投资	实收资本	国有资本	√			8	0	0	0	0	0	0	0
合计					￥	8	0	0	0	0	0	0	0

丙式—141 12×21厘米　　附单据贰张

财务主管：郭昭麟　记账：王玮　出纳：李彦　审核：田晶晶　制单：王蕊蕊

（2）取得借款。

收 款 凭 证

借方科目 银行存款　　　2018 年 12 月 03 日　　　银收 字第 2 号

摘 要	贷方总账科目	明细科目	记账符号	金额									
				千	百	十	万	千	百	十	元	角	分
取得借款	短期借款	中国工商银行	√			1	5	0	0	0	0	0	0
合 计					¥	1	5	0	0	0	0	0	0

丙式—141 12×21厘米　　附单据贰张

财务主管：郭昭麟　记账：王玮　出纳：李彦　审核：田晶晶　制单：王蕊蕊

（3）购买固定资产。

付 款 凭 证

贷方科目 银行存款　　　2018年 12 月 04 日　　　银付 字第 1 号

摘 要	借方总账科目	明细科目	记账符号	金额									
				千	百	十	万	千	百	十	元	角	分
购买固定资产	固定资产		√			2	0	0	0	0	0	0	0
	应交税费	应交增值税（进项税额）	√				2	6	0	0	0	0	0
合 计					¥	2	2	6	0	0	0	0	0

丙式—142 12×21厘米　　附单据贰张

财务主管：郭昭麟　记账：王玮　出纳：李彦　审核：田晶晶　制单：王蕊蕊

（4）购买材料。

付 款 凭 证

贷方科目 银行存款　　2018年 12 月 05 日　　银付 字第 2 号

摘要	借方总账科目	明细科目	记账符号	金额（千百十万千百十元角分）
购买材料	在途物资	甲材料	√	1000000
	应交税费	应交增值税（进项税额）	√	130000
合计				¥1130000

丙式—142　12×21厘米

附单据贰张

财务主管：郭昭麟　记账：王玮　出纳：李彦　审核：田晶晶　制单：王蕊蕊

（5）购买材料。

转 账 凭 证

2018 年 12 月 06 日　　转 字第 1 号

摘要	总账科目	明细科目	√	借方金额（千百十万千百十元角分）	√	贷方金额（千百十万千百十元角分）
购买材料	在途物资	乙材料	√	12000000		
	应交税费	应交增值税（进项税额）	√	1560000		
	应付账款	B公司			√	13560000
合计				¥13560000		¥13560000

丙式—143　12×21厘米

附单据壹张

财务主管：郭昭麟　记账：王玮　出纳：李彦　审核：田晶晶　制单：王蕊蕊

（6）材料入库。

转 账 凭 证

2018 年 12 月 07 日　　　　转 字第 2 号

丙式—143　12×21厘米

摘要	总账科目	明细科目	✓	借方金额	✓	贷方金额
材料入库	原材料	甲材料	✓	10000000		
		乙材料	✓	12000000		
	在途物资	甲材料			✓	10000000
		乙材料			✓	12000000
合计				¥22000000		¥22000000

附单据壹张

财务主管：郭昭麟　记账：王玮　出纳：李彦　审核：田晶晶　制单：王蕊蕊

（7）预付货款。

付 款 凭 证

贷方科目 银行存款　　2018年 12 月 10 日　　银付 字第 3 号

丙式—142　12×21厘米

摘要	借方总账科目	明细科目	记账符号	金额
预付货款	预付账款	C公司	✓	1500000
合计				¥1500000

附单据壹张

财务主管：郭昭麟　记账：王玮　出纳：李彦　审核：田晶晶　制单：王蕊蕊

（8）购买材料且材料入库。

①购买材料。

转　账　凭　证

2018 年 12 月 12 日　　　　转 字第 3 号

丙式—143　12×21厘米

摘　　要	总账科目	明细科目	✓	借方金额（千百十万千百十元角分）	✓	贷方金额（千百十万千百十元角分）
购买材料	在途物资	丙材料	✓	2000000		
	应交税费	应交增值税（进项税额）	✓	260000		
	预付账款	C公司			✓	2260000
合　计				¥2260000		¥2260000

附单据 壹 张

财务主管：郭昭麟　　记账：王玮　　出纳：李彦　　审核：田晶晶　　制单：王蕊蕊

②补付货款。

付　款　凭　证

贷方科目 银行存款　　2018年 12 月 12 日　　银付 字第 4 号

丙式—142　12×21厘米

摘　　要	借方总账科目	明细科目	记账符号	金额（千百十万千百十元角分）
补付货款	预付账款	C公司	✓	760000
合　计				¥760000

附单据 壹 张

财务主管：郭昭麟　　记账：王玮　　出纳：李彦　　审核：田晶晶　　制单：王蕊蕊

③材料入库。

转 账 凭 证

2018 年 12 月 12 日　　　　转 字第 4 号

摘　　要	总账科目	明细科目	✓	借方金额	✓	贷方金额
材料入库	原材料	丙材料	✓	2000000		
	在途物资	丙材料			✓	2000000
合　计				¥2000000		¥2000000

（借方金额、贷方金额栏各分千、百、十、万、千、百、十、元、角、分位）

附单据壹张

丙式—143　12×21厘米

财务主管：郭昭麟　　记账：王玮　　出纳：李彦　　审核：田晶晶　　制单：王蕊蕊

（9）领用材料。

转 账 凭 证

2018 年 12 月 13 日　　　　转 字第 5 号

摘　　要	总账科目	明细科目	✓	借方金额	✓	贷方金额
领用材料	生产成本	原材料	✓	14238000		
	制造费用	原材料	✓	2040000		
	管理费用	原材料	✓	1020000		
	原材料	甲材料			✓	7800000
		乙材料			✓	9498000
合　计				¥17298000		¥17298000

（借方金额、贷方金额栏各分千、百、十、万、千、百、十、元、角、分位）

附单据壹张

丙式—143　12×21厘米

财务主管：郭昭麟　　记账：王玮　　出纳：李彦　　审核：田晶晶　　制单：王蕊蕊

（10）核算职工薪酬。

转 账 凭 证

2018 年 12 月 14 日　　　　转 字第 6 号

摘要	总账科目	明细科目	✓	借方金额（千百十万千百十元角分）	✓	贷方金额（千百十万千百十元角分）
核算职工薪酬	生产成本	职工薪酬	✓	7500000		
	制造费用	职工薪酬	✓	450000		
	管理费用	职工薪酬	✓	1050000		
	应付职工薪酬	工资			✓	6000000
		社会保险费等			✓	3000000
合计				¥9000000		¥9000000

丙式—143 12×21厘米　　附单据壹张

财务主管：郭昭麟　记账：王玮　出纳：李彦　审核：田晶晶　制单：王蕊蕊

（11）提现。

付 款 凭 证

贷方科目 银行存款　　2018年 12 月 14 日　　银付 字第 5 号

摘要	借方总账科目	明细科目	记账符号	金额（千百十万千百十元角分）
提现	库存现金		✓	60000
合计				¥60000

丙式—142 12×21厘米　　附单据壹张

财务主管：郭昭麟　记账：王玮　出纳：李彦　审核：田晶晶　制单：王蕊蕊

（12）发放工资。

付 款 凭 证

贷方科目 银行存款　　2018年 12 月 14 日　　银付 字第 6 号

摘要	借方总账科目	明细科目	记账符号	金额（千百十万千百十元角分）
发放工资	应付职工薪酬	工资	√	6000000
合计				¥6000000

丙式—142　12×21厘米

附单据贰张

财务主管：郭昭麟　记账：王玮　出纳：李彦　审核：田晶晶　制单：王蕊蕊

（13）计提折旧。

转 账 凭 证

2018 年 12 月 21 日　　转 字第 7 号

摘要	总账科目	明细科目	√	借方金额（千百十万千百十元角分）	√	贷方金额（千百十万千百十元角分）
计提折旧	制造费用	折旧费	√	4000000		
	管理费用	折旧费	√	500000		
	累计折旧				√	4500000
合计				¥4500000		¥4500000

丙式—143　12×21厘米

附单据壹张

财务主管：郭昭麟　记账：王玮　出纳：李彦　审核：田晶晶　制单：王蕊蕊

（14）预付报刊费。

付 款 凭 证

贷方科目 银行存款　　2018年 12 月 21 日　　银付 字第 7 号

摘要	借方总账科目	明细科目	记账符号	金额
预付报刊费	制造费用	报刊费	✓	60000
	管理费用	报刊费	✓	100000
合计				¥160000

丙式—142　12×21厘米　　附单据贰张

财务主管：郭昭麟　记账：王玮　出纳：李彦　审核：田晶晶　制单：王蕊蕊

（15）结转制造费用。

转 账 凭 证

2018 年 12 月 24 日　　转 字第 8 号

摘要	总账科目	明细科目	✓	借方金额	✓	贷方金额
结转制造费用	生产成本	制造费用	✓	650000		
	制造费用				✓	650000
合计				¥650000		¥650000

丙式—143　12×21厘米　　附单据壹张

财务主管：郭昭麟　记账：王玮　出纳：李彦　审核：田晶晶　制单：王蕊蕊

（16）结转生产成本。

转 账 凭 证

2018 年 12 月 24 日　　　　转 字第 9 号

丙式—143　12×21厘米

摘要	总账科目	明细科目	✓	借方金额（千百十万千百十元角分）	✓	贷方金额（千百十万千百十元角分）
结转生产成本	库存商品		✓	26520000		
	生产成本				✓	26520000
合计				¥26520000		¥26520000

附单据壹张

财务主管：郭昭麟　记账：王玮　出纳：李彦　审核：田晶晶　制单：王蕊蕊

（17）销售商品。

转 账 凭 证

2018 年 12 月 24 日　　　　转 字第 10 号

丙式—143　12×21厘米

摘要	总账科目	明细科目	✓	借方金额（千百十万千百十元角分）	✓	贷方金额（千百十万千百十元角分）
确认商品销售收入	应收账款	E公司	✓	7458000		
	主营业务收入				✓	6600000
	应交税费	应交增值税（销项税额）			✓	858000
合计				¥7458000		¥7458000

附单据壹张

财务主管：郭昭麟　记账：王玮　出纳：李彦　审核：田晶晶　制单：王蕊蕊

（18）销售商品。

收款凭证

借方科目：银行存款　　　　2018 年 12 月 25 日　　　　银收 字第 3 号

摘要	贷方总账科目	明细科目	记账符号	千	百	十	万	千	百	十	元	角	分
确认商品销售收入	主营业务收入		√			1	7	5	0	0	0	0	0
	应交税费	应交增值税（销项税额）	√				2	2	7	5	0	0	0
合计					¥	1	9	7	7	5	0	0	0

附单据贰张

丙式—141　12×21厘米

财务主管：郭昭麟　　记账：王玮　　出纳：李彦　　审核：田晶晶　　制单：王蕊蕊

（19）收到预收款。

收款凭证

借方科目：银行存款　　　　2018 年 12 月 25 日　　　　银收 字第 4 号

摘要	贷方总账科目	明细科目	记账符号	千	百	十	万	千	百	十	元	角	分
收到预收款	预收账款	D公司	√				2	0	0	0	0	0	0
合计						¥	2	0	0	0	0	0	0

附单据壹张

丙式—141　12×21厘米

财务主管：郭昭麟　　记账：王玮　　出纳：李彦　　审核：田晶晶　　制单：王蕊蕊

（20）销售商品。

转 账 凭 证

2018 年 12 月 26 日　　　　转 字第 11 号

摘要	总账科目	明细科目	✓	借方金额 千	百	十	万	千	百	十	元	角	分	✓	贷方金额 千	百	十	万	千	百	十	元	角	分
确认商品销售收入	预收账款	D公司	✓				9	2	2	0	8	0	0											
	主营业务收入													✓				8	1	6	0	0	0	0
	应交税费	应交增值税（销项税额）												✓				1	0	6	0	8	0	0
合 计						¥	9	2	2	0	8	0	0				¥	9	2	2	0	8	0	0

附单据壹张

丙式—143　12×21厘米

财务主管：郭昭麟　记账：王玮　出纳：李彦　审核：田晶晶　制单：王蕊蕊

（21）收到货款。

收 款 凭 证

借方科目 银行存款　　2018 年 12 月 26 日　　银收 字第 5 号

摘要	贷方总账科目	明细科目	记账符号	金额 千	百	十	万	千	百	十	元	角	分
收到货款	预收账款	D公司	✓				7	2	2	0	8	0	0
合 计						¥	7	2	2	0	8	0	0

附单据壹张

丙式—141　12×21厘米

财务主管：郭昭麟　记账：王玮　出纳：李彦　审核：田晶晶　制单：王蕊蕊

（22）销售材料。

①确认材料销售收入。

收　款　凭　证

借方科目　银行存款　　2018 年 12 月 26 日　　银收　字第 6 号

摘要	贷方总账科目	明细科目	记账符号	金额（千百十万千百十元角分）
确认材料销售收入	其他业务收入		✓	2000000
	应交税费	应交增值税（销项税额）		260000
合计				¥2260000

丙式—141　12×21厘米　　附单据 贰 张

财务主管：郭昭麟　记账：王玮　出纳：李彦　审核：田晶晶　制单：王蕊蕊

②结转材料销售成本。

转　账　凭　证

2018 年 12 月 26 日　　转　字第 12 号

摘要	总账科目	明细科目	✓	借方金额（千百十万千百十元角分）	✓	贷方金额（千百十万千百十元角分）
结转材料销售成本	其他业务成本		✓	1500000		
	原材料				✓	1500000
合计				¥1500000		¥1500000

丙式—143　12×21厘米　　附单据 壹 张

财务主管：郭昭麟　记账：王玮　出纳：李彦　审核：田晶晶　制单：王蕊蕊

（23）结转商品销售成本。

转 账 凭 证

2018 年 12 月 26 日　　　　转 字第 13 号

摘　　要	总账科目	明细科目	✓	借方金额（千百十万千百十元角分）	✓	贷方金额（千百十万千百十元角分）
结转商品销售成本	主营业务成本		✓	23970000		
	库存商品				✓	23970000
合　计				¥23970000		¥23970000

丙式—143 12×21厘米　　附单据肆张

财务主管：郭昭麟　记账：王玮　出纳：李彦　审核：田晶晶　制单：王蕊蕊

（24）确认罚款支出。

付 款 凭 证

贷方科目 库存现金　　2018年 12 月 26 日　　现付 字第 1 号

摘　　要	借方总账科目	明细科目	记账符号	金额（千百十万千百十元角分）
确认罚款支出	营业外支出	罚款支出	✓	20000
合　计				¥20000

丙式—142 12×21厘米　　附单据壹张

财务主管：郭昭麟　记账：王玮　出纳：李彦　审核：田晶晶　制单：王蕊蕊

（25）结转损益类账户。

①将各项收入收益结转至“本年利润”账户。

转　账　凭　证

2018 年 12 月 31 日　　　　转　字第　14　号

丙式—143　12×21厘米

摘　要	总账科目	明细科目	√	借方金额（千百十万千百十元角分）	√	贷方金额（千百十万千百十元角分）
结平收益类账户	主营业务收入		√	32260000		
	其他业务收入		√	2000000		
	本年利润				√	34260000
合　计				¥34260000		¥34260000

附单据壹张

财务主管：郭昭麟　记账：王玮　出纳：李彦　审核：田晶晶　制单：王蕊蕊

②将各项成本费用结转至“本年利润”账户。

转　账　凭　证

2018 年 12 月 31 日　　　　转　字第　15　号

丙式—143　12×21厘米

摘　要	总账科目	明细科目	√	借方金额（千百十万千百十元角分）	√	贷方金额（千百十万千百十元角分）
结平费用类账户	本年利润		√	28160000		
	主营业务成本				√	23970000
	其他业务成本				√	1500000
	管理费用				√	2670000
	营业外支出				√	20000
合　计				¥28160000		¥28160000

附单据壹张

财务主管：郭昭麟　记账：王玮　出纳：李彦　审核：田晶晶　制单：王蕊蕊

（26）核算并结转所得税费用。

①核算所得税费用。

转 账 凭 证

2018 年 12 月 31 日　　　　转 字第 16 号

摘要	总账科目	明细科目	✓	借方金额（千百十万千百十元角分）	✓	贷方金额（千百十万千百十元角分）
核算所得税费用	所得税费用		✓	13487500		
	应交税费	应交所得税			✓	13487500
合计				¥13487500		¥13487500

丙式—143　12×21厘米　　附单据壹张

财务主管：郭昭麟　记账：王玮　出纳：李彦　审核：田晶晶　制单：王蕊蕊

②结转所得税费用。

转 账 凭 证

2018 年 12 月 31 日　　　　转 字第 17 号

摘要	总账科目	明细科目	✓	借方金额（千百十万千百十元角分）	✓	贷方金额（千百十万千百十元角分）
结转所得税费用	本年利润		✓	13487500		
	所得税费用				✓	13487500
合计				¥13487500		¥13487500

丙式—143　12×21厘米　　附单据壹张

财务主管：郭昭麟　记账：王玮　出纳：李彦　审核：田晶晶　制单：王蕊蕊

（27）结转净利润。

转 账 凭 证

2018 年 12 月 31 日　　　　转 字第 18 号

丙式—143 12×21厘米

摘要	总账科目	明细科目	✓	借方金额（千百十万千百十元角分）	✓	贷方金额（千百十万千百十元角分）
结平本年利润账户	本年利润		✓	40462500		
	利润分配	未分配利润			✓	40462500
合计				¥40462500		¥40462500

附单据壹张

财务主管：郭昭麟　记账：王玮　出纳：李彦　审核：田晶晶　制单：王蕊蕊

（28）提取盈余公积。

转 账 凭 证

2018 年 12 月 31 日　　　　转 字第 19 号

丙式—143 12×21厘米

摘要	总账科目	明细科目	✓	借方金额（千百十万千百十元角分）	✓	贷方金额（千百十万千百十元角分）
提取盈余公积	利润分配	提取盈余公积	✓	4046300		
	盈余公积				✓	4046300
合计				¥4046300		¥4046300

附单据壹张

财务主管：郭昭麟　记账：王玮　出纳：李彦　审核：田晶晶　制单：王蕊蕊

（29）分配利润。

转 账 凭 证

2018 年 12 月 31 日　　转 字第 20 号

丙式—143 12×21厘米

摘要	总账科目	明细科目	✓	借方金额	✓	贷方金额
分配利润	利润分配	应付现金股利或利润	✓	8092500		
	应付股利				✓	8092500
合计				¥8092500		¥8092500

附单据壹张

财务主管：郭昭麟　记账：王玮　出纳：李彦　审核：田晶晶　制单：王蕊蕊

（30）缴纳税款。

付 款 凭 证

贷方科目 银行存款　　2018年 12 月 31 日　　银付 字第 8 号

丙式—142 12×21厘米

摘要	借方总账科目	明细科目	记账符号	金额
缴纳税款	应交税费	应交增值税（已交税金）	✓	3400000
合计				¥3400000

附单据贰张

财务主管：郭昭麟　记账：王玮　出纳：李彦　审核：田晶晶　制单：王蕊蕊

（31）偿还货款。

付　款　凭　证

贷方科目 银行存款　　2018年　12　月　31　日　　银付　字第　9　号

摘　要	借方总账科目	明　细　科　目	记账符号	千	百	十	万	千	百	十	元	角	分
偿还货款	应付账款	B公司	✓				3	0	0	0	0	0	0
合　计						¥	3	0	0	0	0	0	0

丙式—142　12×21厘米　　附单据壹张

财务主管：郭昭麟　记账：王玮　出纳：李彦　审核：田晶晶　制单：王蕊蕊

（32）支付职工福利。

付　款　凭　证

贷方科目 库存现金　　2018年　12　月 31　日　　现付　字第　2　号　全

摘　要	借方总账科目	明　细　科　目	记账符号	千	百	十	万	千	百	十	元	角	分
支付职工福利	应付职工薪酬	职工福利	✓						6	0	0	0	0
合　计								¥	6	0	0	0	0

丙式—142　12×21厘米　　附单据壹张

财务主管：郭昭麟　记账：王玮　出纳：李彦　审核：田晶晶　制单：王蕊蕊

（三）会计凭证的装订

会计凭证的装订是将分散的会计凭证装订成册，方便保管和利用。有的单位经济业务较少，一个月的记账凭证可能只有几十张，装订起来只有一册；有的单位规模大，经济业务多，一个月的记账凭证可能有几百张或几千张，装订起来就是十几册或几十册。装订之前，要设计一下，看一个月的记账凭证究竟订成几册为好。每册的厚度应基本保持一致，不能把几张一份的记账凭证拆开装订在两册之中，要做到既美观大方又便于翻阅。在装订时要先设计好装订册数及每册厚度。一般来说，一本凭证的厚度以1.5～2.0厘米为宜，太厚了不便于翻阅核查，太薄了又不利于戳立放置。为了使装订成册的会计凭证外形美观，在装订时要考虑到凭证的整齐均匀，特别是装订线的位置，如果太薄可用纸折一些三角形或长条，均匀垫在此处，以保证它的厚度与凭证中间的厚度一致。

通常的装订方法有角订法和侧订法两种。

1. 角订法

先准备装订工具，如铁锥或订洞机、绳线、铁夹、浆糊、剪刀、三角包纸等，然后整理凭证。整理凭证时，可以将记账凭证的左方、上方对齐，接着便是加封面并用铁夹夹牢。包角纸应用牛皮纸，大小是边长约为13厘米的正方形铡去一角，约1/3，如图8-2、图8-3和图8-4所示。先将包角纸正面左上角对准记账凭证左上角，再将包角纸翻转使反面向上，然后在虚线处订

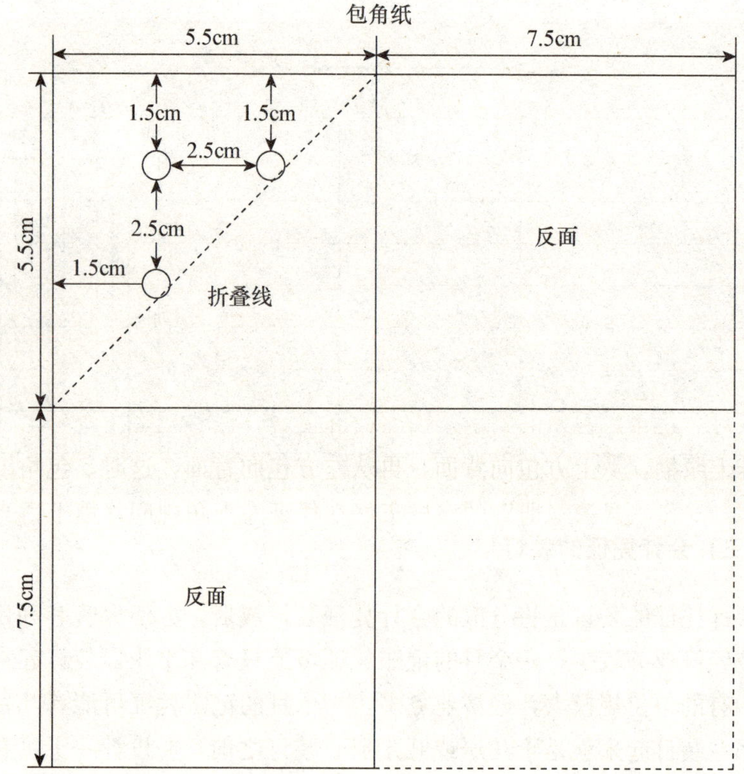

图8-2 角订法示意图1

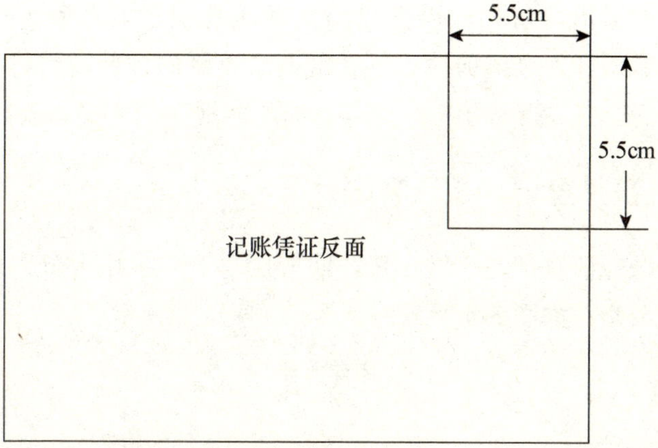

图 8-3　角订法示意图 2

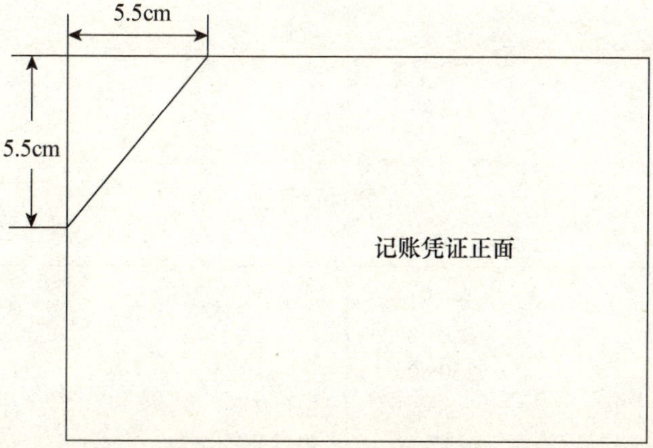

图 8-4　角订法示意图 3

眼、装订、包角。包角的要求是按虚线折叠后，剪去左上角，再在反面涂浆处抹上浆糊，从上方包向背面，再从左方包向背面，这时，包角纸上印刷的“××年×月第×册”的字样正好在凭证左上角中间，填上适当的内容即可。

2. 侧订法

采用侧订法时，记账凭证的整理要求与角订法相同，不同之处是采用左侧面装订。装订时再加一张纸复在封面上（比封面长，反面朝上），以底边和左侧边为准，码齐、夹紧。采用这种整理法，装订后凭证下部不空、不薄，竖放不会站立不稳，而是整齐平稳。在左侧打三个洞，把扎绳的中段从孔中引出，留扣，再把扎绳从两端孔引过，并套入中间的留扣中，用力拉紧系好，余绳剪掉。复底纸上涂上浆糊，翻转后将左侧和底部黏牢，晾干后，在左侧标上“××年×月第×册”的字样备查。

三、开设并登记“丁”字账

依据记账凭证登记“丁”字账，期末在“丁”字账上分别结出本期发生额和期末余额，如图 8-5 所示。

库存现金

借方		贷方	
期初余额	4 000		
银付 5	600		
		现付 1	200
		现付 2	600
本期发生额	600	本期发生额	800
期末余额	3 800		

银行存款

借方		贷方	
期初余额	120 000		
银收 1	800 000		
银收 2	150 000		
		银付 1	226 000
		银付 2	113 000
		银付 3	15 000
		银付 4	7 600
		银付 5	600
		银付 6	60 000
		银付 7	1 600
银收 3	197 750		
银收 4	20 000		
银收 5	72 208		
银收 6	22 600		
		银付 8	34 000
		银付 9	30 000
本期发生额	1 262 558	本期发生额	487 800
期末余额	894 758		

应收账款

借方			贷方
期初余额	56 780		
转 10	74 580		
本期发生额	74 580		
期末余额	131 360		

在途物资

借方			贷方
期初余额	0		
银付 2	100 000		
转 1	120 000		
		转 2	220 000
转 3	20 000		
		转 4	20 000
本期发生额	240 000	本期发生额	240 000
期末余额	0		

原材料

借方			贷方
期初余额	105 000		
转 2	220 000		
转 4	20 000		
		转 5	172 980
		转 12	15 000
本期发生额	240 000	本期发生额	187 980
期末余额	157 020		

生产成本

借方			贷方
期初余额	55 000		
转 5	142 380		
转 6	75 000		
转 8	65 500		
		转 9	265 200
本期发生额	282 880	本期发生额	265 200
期末余额	72 680		

制造费用

借方		贷方	
期初余额	0		
转 5	20 400		
转 6	4 500		
转 7	40 000		
银付 7	600		
		转 8	65 500
本期发生额	65 500	本期发生额	65 500
期末余额	0		

库存商品

借方		贷方	
期初余额	11 500		
转 9	265 200		
		转 13	239 700
本期发生额	265 200	本期发生额	239 700
期末余额	37 000		

预付账款

借方		贷方	
期初余额	0		
银付 3	15 000		
		转 3	22 600
银付 4	7 600		
本期发生额	22 600	本期发生额	22 600
期末余额	0		

固定资产

借方		贷方	
期初余额	1 950 000		
银付 1	200 000		
本期发生额	200 000		
期末余额	2 150 000		

累计折旧

借方			贷方
		期初余额	810 000
		转 7	45 000
		本期发生额	45 000
		期末余额	855 000

短期借款

借方			贷方
		银收 2	150 000
		本期发生额	150 000
		期末余额	150 000

应付账款

借方			贷方
		期初余额	431 000
		转 1	135 600
银付 9	30 000		
本期发生额	30 000	本期发生额	135 600
		期末余额	536 600

预收账款

借方			贷方
		期初余额	0
		银收 4	20 000
转 11	92 208		
		银收 5	72 208
本期发生额	92 208	本期发生额	92 208
		期末余额	0

应付职工薪酬

借方			贷方
		期初余额	15 000
		转 6	90 000
银付 6	60 000		
现付 2	600		
本期发生额	60 600	本期发生额	90 000
		期末余额	44 400

应付股利

借方		贷方	
		期初余额	0
		转 20	80 925
		本期发生额	80 925
		期末余额	80 925

应交税费

借方		贷方	
		期初余额	34 000
银付 1	26 000		
银付 2	13 000		
转 1	15 600		
转 3	2 600		
		转 10	8 580
		银收 3	22 750
		转 11	10 608
		银收 6	2 600
		转 16	134 875
银付 8	34 000		
本期发生额	91 200	本期发生额	179 413
		期末余额	122 213

其他应付款

借方		贷方	
		期初余额	500
		期末余额	500

实收资本

借方		贷方	
		期初余额	513 280
		银收 1	800 000
		本期发生额	800 000
		期末余额	1 313 280

盈余公积

借方		贷方	
		期初余额	8 000
		转 19	40 463
		本期发生额	40 463
		期末余额	48 463

本年利润

借方		贷方	
		期初余额	478 500
		转 14	342 600
转 15	281 600		
转 17	134 875		
转 18	404 625		
本期发生额	821 100	本期发生额	342 600
		期末余额	0

利润分配

借方		贷方	
		期初余额	12 000
		转 18	404 625
转 19	40 463		
转 20	80 925		
本期发生额	121 388	本期发生额	404 625
		期末余额	295 237

主营业务收入

借方		贷方	
		期初余额	0
		转 10	66 000
		银收 3	175 000
		转 11	81 600
转 14	322 600		
本期发生额	322 600	本期发生额	322 600
		期末余额	0

其他业务收入

借方		贷方	
		期初余额	0
		银收 6	20 000
转 14	20 000		
本期发生额	20 000	本期发生额	20 000
		期末余额	0

主营业务成本

借方		贷方	
期初余额	0		
转 13	239 700		
		转 15	239 700
本期发生额	239 700	本期发生额	239 700
期末余额	0		

其他业务成本

借方		贷方	
期初余额	0		
转 12	15 000		
		转 15	15 000
本期发生额	15 000	本期发生额	15 000
期末余额	0		

管理费用

借方		贷方	
期初余额	0		
转 5	10 200		
转 6	10 500		
转 7	5 000		
银付 7	1 000		
		转 15	26 700
本期发生额	26 700	本期发生额	26 700
期末余额	0		

营业外支出

借方		贷方	
期初余额	0		
现付 1	200		
		转 15	200
本期发生额	200	本期发生额	200
期末余额	0		

所得税费用

借方		贷方	
期初余额	0		
转 16	134 875		
		转 17	134 875
本期发生额	134 875	本期发生额	134 875
期末余额	0		

图 8-5

四、编制试算平衡表

根据以上各账户的资料，编制总分类账户余额和发生额试算平衡表，以检查账务处理的正确性，如表 8-3 所示。

表 8-3　　南华工厂总分类账试算平衡表

2018 年 12 月 31 日　　单位：元

账户名称	期初余额		本期发生额		期末余额	
	借方	贷方	借方	贷方	借方	贷方
库存现金	4 000		600	800	3 800	
银行存款	120 000		1 262 558	487 800	894 758	

续表

账户名称	期初余额		本期发生额		期末余额	
	借方	贷方	借方	贷方	借方	贷方
应收账款	56 780		74 580		131 360	
在途物资	0		240 000	240 000	0	
原材料	105 000		240 000	187 980	157 020	
生产成本	55 000		282 880	265 200	72 680	
制造费用	0		65 500	65 500	0	
库存商品	11 500		265 200	239 700	37 000	
预付账款	0		22 600	22 600	0	
固定资产	1 950 000		200 000		2 150 000	
累计折旧		810 000		45 000		855 000
短期借款				150 000		150 000
应付账款		431 000	30 000	135 600		536 600
预收账款		0	92 208	92 208		0
应付职工薪酬		15 000	60 600	90 000		44 400
应付股利		0		80 925		80 925
应交税费		34 000	91 200	179 413		122 213
其他应付款		500				500
实收资本		513 280		800 000		1 313 280
盈余公积		8 000		40 463		48 463
本年利润		478 500	821 100	342 600		0
利润分配		12 000	121 388	404 625		295 237
主营业务收入		0	322 600	322 600		0
其他业务收入		0	20 000	20 000		0
主营业务成本	0		239 700	239 700	0	
其他业务成本	0		15 000	15 000	0	
管理费用	0		26 700	26 700	0	
营业外支出	0		200	200	0	
所得税费用	0		134 875	134 875	0	
合计	2 302 280	2 302 280	4 629 489	4 629 489	3 446 618	3 446 618

第二节　借贷记账法综合实训安排

一、实训目的

通过借贷记账法综合实训，学生能够具备对经济业务进行账务处理的能力，能够正确运用借贷记账法对工业企业筹资、采购、生产、销售、利润形成与分配等环节主要经济业务进行账务处理，并熟练填制与审核会计凭证、开设登记丁字账以及编制试算平衡表。

二、实训资料

博翰工厂为增值税一般纳税人，增值税税率13%，2018年12月份总分类账户期初余额，如表8-4所示。

表8-4　　总分类账户期初余额表

2018年12月01日　　单位：元

账户名称	借方	贷方
库存现金	5 000	
银行存款	119 000	
应收账款	59 780	
在途物资	0	
原材料	102 000	
生产成本	53 000	
制造费用	0	
库存商品	13 500	
预付账款	0	
固定资产	1 484 000	
累计折旧		610 000
应付账款		165 000
预收账款		0
应付职工薪酬		25 000
应付股利		0

续表

账户名称	借方	贷方
应交税费		26 000
其他应付款		800
实收资本		500 000
盈余公积		8 800
本年利润		457 700
利润分配		42 980
主营业务收入		0
其他业务收入		0
主营业务成本	0	
其他业务成本	0	
管理费用	0	
营业外支出	0	
所得税费用	0	
合计	1 836 280	1 836 280

2018 年 12 月份发生的经济业务如下：

（1）接受投资：12 月 3 日，收到国家投资 780 000 元，款项存入银行。

（2）取得借款：12 月 3 日，向中国建设银行借入款项 100 000 元，期限为半年，年利率为 6%，按季计息，借入款项存入银行。

（3）购买固定资产：12 月 4 日，购入生产用设备一台，货款 300 000 元，增值税款 39 000 元，以银行存款支付。

（4）购买材料：12 月 5 日，从 H 公司购入丁材料 6 000 千克，每千克 22 元，材料尚未验收入库，款项已用银行存款支付，增值税税率 13%。

（5）购买材料：12 月 6 日，从 I 公司购入戊材料 5 000 千克，每千克 32 元，材料尚未验收入库，款项尚未支付，增值税税率 13%。

（6）材料入库：12 月 7 日，丁、戊两种材料验收入库。

（7）预付货款：12 月 10 日，以银行存款 18 000 元预付给 J 公司，用于购买己材料。

（8）购买材料且材料入库：12 月 12 日，收到 J 公司的己材料，材料验收入库，该批材料的货款 30 000 元，增值税税率 13%，除冲销预付账款 18 000 元以外，以银行存款支付其余的款项。

（9）领用材料：12 月 13 日，仓库发料汇总，如表 8-5 所示。

表 8-5　　　　　　　　　　**仓库发料汇总表**　　　　　　　　　　单位：元

项目	丁材料	戊材料	合计
产品耗用	63 700	72 000	135 700
车间一般耗用	10 780	10 800	21 580
管理部门领用	5 390	5 400	10 790
合计	79 870	88 200	168 070

（10）核算职工薪酬：12 月 14 日，核算本月职工薪酬，工资总额 80 000 元，其中：生产工人工资 50 000 元，车间管理人员工资 10 000 元，企业管理人员工资 20 000 元；按工资总额的 50%计提社会保险费等职工薪酬。

（11）提现：12 月 14 日，从银行存款中提取现金 1 000 元，以备零星支出。

（12）发放工资：12 月 14 日，以银行存款 80 000 元支付职工工资。

（13）计提折旧：12 月 21 日，计提固定资产折旧额为 50 000 元，其中：生产车间的固定资产应提折旧 40 000 元，管理部门的固定资产应提折旧 10 000 元。

（14）预付报刊费：12 月 21 日，以银行存款预付下一个年度报刊费 1 800 元，其中：车间用报刊费 800 元，管理部门用报刊费 1 000 元。

（15）结转制造费用：12 月 24 日，汇总结转本月制造费用 77 380 元。

（16）结转生产成本：12 月 24 日，结转本月完工入库产品的成本，本月完工入库产品共计 660 件，总成本 330 000 元，单位产品成本 500 元。

（17）销售商品：12 月 24 日，向 G 公司销售产品 100 件，每件售价 800 元，产品已发出，货款尚未收到。

（18）销售商品：12 月 25 日，向 K 公司销售产品 150 件，每件售价 790 元，产品已发出，款项已收到，存入银行。

（19）收到预收款：12 月 25 日，按合同规定收到 L 公司预付货款 28 000 元，存入银行。

（20）销售商品：12 月 26 日，按合同约定向 L 公司发出预收货款的产品 200 件，每件售价 780 元。

（21）收到货款：12 月 26 日，收到 L 公司补付的款项，存入银行。

（22）材料销售：12 月 26 日，出售材料一批，材料成本 16 000 元，价值 21 000 元，增值税税率 13%。款项收到，存入银行。

（23）结转商品销售成本：12 月 26 日，汇总结转本期已售产品的生产成本。

（24）确认罚款支出：12 月 26 日，因违约被罚款 300 元，以现金支付。

（25）结转损益类账户：12 月 31 日，将各损益类账户的余额转入“本年利润”账户。1 月至 11 月损益类账户发生额汇总情况：主营业务收入贷方发生额为 3 453 100 元，主营业务成本借方发生额为 2 691 700 元，销售费用借方发生额为 6 500 元，管理费用借方发生额为 295 200 元，营业外支出借方发生额为 2 000 元。

（26）核算并结转所得税费用：12 月 31 日，计算并结转本年度企业所得税额，企业所得税税率为 25%。

（27）结转净利润：12 月 31 日，将“本年利润”账户余额转入“利润分配”账户。本企业 2018 年度综合收益总额等于净利润。

（28）提取盈余公积：12 月 31 日，按综合收益总额的 10%提取盈余公积。

（29）分配利润：12 月 31 日，按综合收益总额的 20%分配利润。

（30）缴纳税款：12 月 31 日，以银行存款预缴当月增值税 26 000 元。

（31）归还货款：12 月 31 日，以银行存款偿还 I 公司货款 40 000 元。

（32）支付职工教育经费：12 月 31 日，以现金支付职工教育经费 3 000 元。

三、实训内容

（1）运用借贷记账法对经济业务进行相应的账务处理（编制会计分录）。

（2）填制记账凭证，审核记账凭证并签字。

（3）根据账户的期初余额和本期经济业务编制的记账凭证开设并登记丁字账。

（4）编制试算平衡表。

CHAPTER

9 第九章 财产清查

第一节 财产清查的意义

一、财产清查的概念

财产清查就是通过对货币资金、存货、固定资产、债权债务、票据等的盘点和核对，查明其实有数与账存数是否相符，以及账实不符的原因的一种会计核算方法。一个单位日常发生各项经济业务，都要填制和审核会计凭证，登记账簿。账簿记录能反映各项财产的增减变动及结存情况，为经营管理提供会计信息。账簿记录是否正确和完整，直接影响着会计信息的真实性。加强对会计凭证的日常审核，进行账证核对和账账核对，只能保证过账不出差错，还不能说明账簿记录与客观实际相符。由于一些主观和客观的原因会使账簿记录的结存数与各项财产的实存数不相一致，发生差异，即通常所说的账实不符。造成账实不符的原因主要有以下几个方面：

(1) 财产物质在保管过程中发生的自然损溢，如因干耗、升重等自然现象而发生的数量或质量上的变化，这种变化在日常会计核算中是不反映的，于是出现了账实不符。

(2) 在收发财产物资时，由于计量、计算、检验不准确而发生的品种、数量、质量上的差错，使得所填制的凭证与实际情况不符。

（3）在财产物资发生增减变动时，没有及时地填制凭证、登记账簿，或者在填制凭证和登记账簿时发生了计算上或登记上的错误。

（4）由于管理不善或工作人员失职而造成财产物资的损坏、变质或短缺，以及货币资金往来款项的差错。

（5）由于不法分子贪污盗窃、营私舞弊等造成的财产物资的损失。

（6）自然灾害造成的非常损失。

（7）未达账项引起的账实不符等。

由于以上原因，必须对各项财产物资定期或不定期地进行盘点或核对，对实存数与账存数不相符的差异，要调整账簿记录，并查明原因和责任，按有关规定进行处理。

二、财产清查的意义

（一）保证会计核算的真实性

通过财产清查，可以查明各项财产的实存数、实存数同账存数的差异，以及发生差异的原因和责任，以便采取措施，保证账实相符和会计资料的真实可靠。

（二）保护财产物资的安全完整

通过财产清查，可以查明各项财产物资的保管情况是否良好，有无损失浪费、霉烂变质和非法挪用、贪污盗窃等情况，以便查明原因进行处理。同时要从中吸取教训，采取措施，堵塞漏洞，建立健全各项物资管理制度，保护企业财产物资的安全和完整。

（三）挖掘财产物资潜力，合理使用企业资财

通过财产清查，可以查明各项财产物资的储备、保管、使用情况，以及有无超储、积压和呆滞等情况，从而可以采取措施，充分挖掘物资潜力，加速资金周转，提高物资使用效率。

（四）维护财经纪律，遵守结算制度

通过对财产、物资、货币资金及往来款项的清查，可以查明单位

有关业务人员是否遵守财经纪律和结算制度，有无贪污盗窃、挪用公款的情况；查明各项资金使用是否合理，是否符合党和国家的方针、政策和法律，从而使工作人员更加自觉地遵纪守法，自觉维护和遵守财经纪律。

（五）促使企业对外经济往来的正常运行

通过财产清查，可查明各种往来款项的结算情况，以便及时处理债权债务的长期拖欠、发出商品的无故拒付等问题。

三、财产物资的盘存制度

财产物质的盘存制度有两种，即永续盘存制和实地盘存制。单位可根据经营管理的需要和财产物资品种的不同，分别采用不同的方法，以达到弄清账实、查明原因、提高经营管理水平的目的。

（一）永续盘存制

永续盘存制，亦称账面盘存制，是平时对企业单位各项财产物资分别设立明细账，根据会计凭证连续记载其增减变化并随时结出余额的一种管理制度。这种盘存制能从账簿资料中及时反映出企业各项财产、物资的结存数额，为及时掌握企业单位财产增减变动情况和余额提供可靠依据，以便加强单位财产物资的管理。

（二）实地盘存制

实地盘存制是平时根据有关会计凭证，只登记财产、物资的增加数，不登记减少数，月末或一定时期，可根据期末盘点资料，弄清各种财产物资的实有数额。然后再根据“期初结存＋本期增加额－本期实存数＝本期减少数”的公式，倒算出本期减少数额，即“以存计耗”“以存计销”，并记入有关明细账的一种物资盘存管理制度。这种方法，工作比较简单，虽然看起来账是平衡的，但手续不够严密，对于管理中存在的问题不易发现。

第二节 财产清查的种类和方法

一、财产清查的种类

财产清查种类很多，可以按不同的标准进行分类，主要分类有以下几种：

（一）财产清查按照清查的范围分类

财产清查按照清查的范围不同，可分为全面清查和局部清查。

1. 全面清查

全面清查就是对所有的财产物资进行全面的清查、盘点和核对。就产品制造企业来讲，全面清查的对象主要包括以下几个方面：①现金、银行存款等各项货币资金；②材料、在产品、半成品、产成品等流动资产；③房屋、建筑物、机器设备等各项固定资产及在建工程；④各种应收、应付、预收、预付的债权债务款项；⑤在途材料、在途货币资金等在途资金；⑥各种股票、国库券、债券等有价证券及各项投资；⑦受托加工、保管的各种财产物资；⑧委托加工保管的材料物资；⑨需要清查、核实的其他内容。

全面清查由于内容多、范围广、工作量大，一般在年终决算前或开展清产核资以及单位撤销、合并、改变隶属关系时才采用。

2. 局部清查

局部清查就是根据管理的需要或依据有关规定，对部分财产物资、债权债务进行盘点和核对。一般情况下，对于流动性较大的材料物资，除年度清查外，年内还要轮流盘点或重点抽查；对于各种贵重物资，每月都应清查盘点一次；对于现金，应由出纳人员当日清点核对；对于银行存款，每月至少要同银行核对一次；对各种应收账款，每年至少核对一至二次。

（二）财产清查按照清查的时间分类

财产清查按照清查的时间不同，可分为定期清查和不定期清查。

1. 定期清查

定期清查是在规定时期对财产进行的清查，一般在年度、半年度、季度或月度结账时进行。这种清查可以是全部清查，也可以是局部清查。

2. 不定期清查

不定期清查是指根据实际情况的需要而临时进行的财产清查。同定期清查一样，它可以是全部清查，也可以是局部清查。这种清查主要是在以下几种情况下进行的：

（1）更换财产、物资和现金经管人员时。

（2）财产发生非常灾害或意外损失时。

（3）上级主管单位、财政机关和银行等部门对企业进行会计检查时。

（4）进行临时性清产核资工作时。

二、财产清查的方法

（一）财产清查的准备工作

财产清查是改善经营管理和加强会计核算的重要手段，也是一项复杂细致的工作，涉及面广、政策性强、工作量大。它不仅涉及有关物资保管部门，而且涉及各车间和各个职能部门。为了做好财产清查工作，使其发挥应有的积极作用，在进行全面清查以前，必须充分做好以下几项准备工作：

（1）制订财产清查计划，确定清查对象、范围，配备清查人员，明确清查任务。

（2）会计部门要将总账、明细账等有关资料登记齐全，核对正确，结出余额。保管部门对所保管的各种财产物资以及账簿、账卡挂上标签，标明品种、规格、数量，以备查对。

（3）对银行存款、银行借款和结算款项，要取得银行对账单，以便查对。

（4）对需要使用的度量衡器，要提前校验正确，保证计量准确。

（5）对应用的所有表册，都要准备妥当。

（二）财产清查的方法

由于财产清查种类繁多，占用形态各异，对实物、货币资金、结算款项等应采用不同的方式进行清查。

1. 实物的清查

实物的清查，是指对原材料、在产品、产成品、固定资产等财产物资的清查。对这类财产的清查通常可按其实物特点，如体积、形态、数量及重量等，采用实地盘点法和技术推算法两种方法。

实地盘点法是对各项实物通过逐一清点，或用计量器具确定其实存数量的方法。这种方法适用范围较广，大部分财产物资都采用这种方法。

技术推算法是通过量方、计尺等技术方法推算有关财产物资实有数量。这种方法适用于大量成堆难以逐一清点的财产物资的清查，如堆放的煤或油罐中的油等。

实物清查的程序应按下列步骤进行：

首先，要由清查人员协同实物保管人员在现场对实物进行盘点，确定其实有数量。

其次，对盘点的结果要如实登记在“盘存单”上，并由盘点人员和实物保管人员签章，以明确经济责任。盘存单的一般格式如表 9-1 所示。它既是记录实物盘点结果的书面证明，又是反映材料物资实有数的原始凭证。

表 9-1　　　　盘　存　单

单位名称：　　　　　　　　　　　　　　　　　编号：
盘点时间：　　　　　　　　财产类别：　　　　存放地点：

编号	名称	计量单位	数量	单价	金额	备注

盘点人签章__________　　　　　　　　实物保管人签章__________

最后，根据盘存单和相应的材料物资账簿的记录情况填制“实存账存对比表”，其一般格式如表 9-2 所示。实存账存对比表是一个重要的原始凭证，它既是调整账簿记录的原始凭证，也是分析实存数和账存数发生差异的原因、确定经济责任的原始证明材料。

表 9-2　　　　实存账存对比表

单位名称：　　　　　　　　　年　月　日

编号	类别及名称	计量单位	单价	实存		账存		差异				备注
								盘盈		盘亏		
				数量	金额	数量	金额	数量	金额	数量	金额	

主管人员：　　　　　　　　会计：　　　　　　　　制表：

2. 库存现金的清查

库存现金的清查是通过实地盘点的方法，确定库存现金的实存数，再与现金日记账的账面余额进行核对。库存现金的盘点应由清查人员会同现金出纳人员共同负责。其清查内容和方法如下：

(1) 在盘点前，出纳人员应先将现金收、付凭证全部登记入账，并结出余额。

(2) 盘点时，出纳人员必须在场，现金应逐张清点，如发现盘盈、盘亏，必须会同出纳人员核实清楚。盘点时，除查明账实是否相符外，还要查明有无违反现金管理制度规定，如有无以“白条”抵充现金、现金库存是否超过银行核定的限额、有无坐支现金等。

(3) 盘点结束后，应根据盘点结果，及时填制“库存现金盘点报告表”如表 9-3 所示，并由检查人员和出纳人员签名或盖章。此表具有双重性质，它既是盘存单，又是实存账存对比表；既是反映现金实存数用以调整账簿记录的重要原始凭证，也是分析账实发生差异的原因、明确经济责任的依据。

表 9-3　　　　　　　　　　库存现金查点报告表

单位名称：　　　　　　　　　20××年×月×日

实存金额	账存金额	对比结果		备　　注
		盘　盈	盘　亏	

盘点人（签章）：　　　　　　　　　　　　　　　　出纳员（签章）：

有价证券主要包括国库券、其他金融债券、公司债券、股票等，其清查方法和现金相同。

3. 银行存款的清查

银行存款的清查与实物、现金的清查方法不同，它是采取与开户银行核对账目的方法进行的。即将企业登记的银行存款日记账与银行送来的对账单逐笔核对增减额和同一日期的余额。通过核对，往往发现双方账目不一致。其主要原因，一是正常的“未达账项”，即一方已经入账，另一方由于凭证传递时间影响没有入账的款项；二是某一方账目可能发生的错账、漏账。

在同银行核对账目以前，先检查本企业银行存款日记账，力求正确与完整，然后与银行送来的对账单逐笔核对。如果发现错账、漏账，应及时查明更正。对于未达账项，则应在查明后编制“银行存款余额调节表”，以检查双方的账目是否相符。

未达账项主要有以下几种：

（1）有些账项，企业已经入账，但银行尚未入账。如：①企业存入银行的款项，企业已经作存款增加处理，但银行尚未入账；②企业开出支票或其他付款凭证，企业已作存款减少入账，但银行尚未入账。

（2）有些账项，银行已经入账，但企业尚未入账。如：①委托银行代收的款项，银行已作企业存款的增加入账，但企业尚未入账；②银行直接代付的款项，银行已作企业存款的减少入账，但企业尚未入账。

上述任何一种情况的发生，都会使双方的账面余额不相一致。为了消除未达账项的影响，企业应根据核对后发现的未达账项，编制银行存款余额调节表。

此表的编制方法是：在各自存款余额的基础上，加上对方已收本企业未收的款项，减去对方已付本企业未付的款项，然后验证经过调节后的存款余额是否相等。如果相等，表明企业与银行的账目没有差错。否则说明记账有错误，应进一步查明原因，予以更正。下面举例说明银行存款余额调节表的编制方法。

【例 9-1】　某企业月末银行存款日记账的账面余额为32 200元，银行送来的对账单上的存款余额为 31 800 元，经逐笔核对，发现未达账项有以下几项：

（1）企业于月末开出转账支票 1 300 元，持票人尚未向银行办理转账手续，银行尚未入账。

（2）企业于月末存入从其他单位收到的转账支票 2 500 元，银行尚未入账。

（3）企业委托银行代收外地销货款 3 000 元，银行已收入账，但企业尚未收到收款通知，因而企业尚未入账。

（4）银行代企业支付水电费 2 200 元，但企业尚未收到付款通知，因而企业尚未入账。

根据以上资料，编制银行存款余额调节表，如表 9-4 所示。

表 9-4　　**银行存款余额调节表**

2018 年 12 月 31 日

银行存款日记账	金额	银行对账单	金额
账面存款余额	32 200	银行对账单余额	31 800
加：银行已收企业未收款项	3 000	加：企业已收银行未收款项	2 500
减：银行已付企业未付款项	2 200	减：企业已付银行未付款项	1 300
调节后的存款余额	33 000	调节后的存款余额	33 000

经过调节后重新求得的余额，既不等于本企业账面余额，也不等于银行账面余额，而是银行存款的真正实有数。

需要指出的是，银行存款余额调节表只起对账的作用。对于银行已经入账而本企业尚未入账的未达账项，应在有关结算凭证到达后，再据以记账；对于长期悬置的未达账项，应及时查明原因，予以解决。

上述清查方法也适用于银行借款的清查。

4. 往来款项的清查

往来款项主要包括应收款、应付款、暂收款等款项。

各项往来款项的清查与银行存款的清查一样，也是采取同对方单位核对账目的方法。首先，应将本单位往来账目核对清楚，确认准确无误后，再向对方填发对账单。对账单应按明细账逐笔抄列一式两联。其中一联作为回单，对方单位如核对相符，应在回单上盖章后退回，作为进一步核对的依据。在收到对方回单后，应填制“往来账项清查表”，其格式如表 9-5 所示。

表 9-5　　往来账项清查表

总分类账户名称：　　20××年×月×日

明细分类账户		清查结果		核对不符原因分析			备注
名称	账面余额	核对相符余额	核对不符余额	未达账项金额	有争议款项金额	其他	

通过往来款项的清查，要及时催收该收回的账款，偿还该偿还的账款，对呆账和坏账也应及时研究处理。

第三节　财产清查结果的处理

财产清查结果的处理一般指的是对账实不符，即发生盘盈、盘亏、毁损情况的处理。当实存数大于账存数时，称为盘盈；当实存数小于账存数时，称为盘亏；实存数虽与账存数一致，但实存的财产物资有质量问题，不能按正常的财产物资使用的，称为毁损。不论是盘盈，还是盘亏、毁损，都是财产清查处理的内容，都要进行账务处理。

一、财产清查结果处理的内容

通过财产清查所发现的有关财产物资管理和会计核算上的问题，必须以国家有关的政策、法令和制度为依据，严肃认真地做好清查结果的处理工作。处理的步骤如下：

（1）客观地分析账实不符的原因，明确经济责任，并按规定程序如实将盘盈、盘亏情况及处理意见报请有关部门审批处理。

(2) 积极处理积压物资，及时清理长期不清的债权、债务，以提高财产物资的使用效率。对于长期不清的债权、债务和发生争执的往来款项，应指定专人负责查明原因，限期清理。

(3) 针对财产清查中发现的问题，应当总结经验教训，建立健全有关财产物资管理制度，提出改进措施，加强财产物资管理的岗位责任制，保护财产安全完整。

(4) 对财产清查中查明的各种差异，应及时调整账簿记录，做到账实相符。

二、财产清查结果的账务处理

为了做到账实相符，财会部门对于财产清查中发现的差异，必须及时地进行账簿记录的调整。具体应分两个步骤进行：第一步，根据实存账存对比表编制记账凭证，据以登记有关账簿，调整账簿记录，使各项财产物资的实存数和账存数一致。第二步，待查清原因、明确责任以后，再根据审批后的处理决定编制记账凭证，分别记入有关的账户。

为了核算和监督企业在财产清查中查明的财产盘盈、盘亏和毁损及其处理情况，应设置“待处理财产损溢”账户，下设两个明细账户，即“待处理流动资产损溢”、“待处理非流动资产损溢”，并按盘盈、盘亏的资产种类和项目进行明细核算。“待处理财产损溢”账户属双重性质账户，用来核算企业在清查财产过程中查明的各种财产盘盈、盘亏和毁损的价值。物资在运输途中发生的非正常短缺与损耗，也通过本科目核算。企业如有盘盈的固定资产，应作为前期差错记入“以前年度损益调整”科目。

盘盈的各种材料、产成品、商品、生物资产等，借记“原材料”、“库存商品”等科目，贷记本科目。盘亏、毁损的各种材料、产成品、商品、生物资产等，以及盘亏的固定资产，借记本科目，贷记“原材料”“库存商品”“固定资产”等科目。

盘亏、毁损的各项资产，按管理权限报经批准后处理时，按残料价值，借记“原材料”等科目；按可收回的保险赔偿或过失人赔偿，借记“其他应收款”科目；按其借方差额，借记“管理费用”“营业外支出”等科目；按本科目余额，贷记本科目。

盘盈的除固定资产以外的其他财产，借记本科目，贷记“管理费用”、“营业外收入”等科目。

企业的财产损溢，应查明原因，在期末结账前处理完毕，处理后本科目应无余额。

（一）库存现金清查结果的处理

我们通过下面的两个例子来说明库存现金清查结果的处理。

【例 9-2】 某企业某日进行现金清查，发现现金长款 100 元，编制如下会计分录：

借：库存现金　　100

　贷：待处理财产损溢——待处理流动资产损溢　　100

经反复核查，未查明原因，报经批准作营业外收入处理，编制如下会计分录：

借：待处理财产损溢——待处理流动资产损溢　　100

　贷：营业外收入　　100

【例 9-3】 某企业某日进行现金清查，发现现金短款 80 元，编制如下会计分录：

借：待处理财产损溢——待处理流动资产损溢　　80

　贷：库存现金　　80

经检查，属于出纳员的责任，应由其赔偿，编制如下会计分录：

借：其他应收款——某出纳员　　80

　贷：待处理财产损溢——待处理流动资产损溢　　80

（二）存货清查结果的处理

企业盘盈、盘亏和毁损的存货，报经有关部门批准以后，根据不同的情况进行相应的处理。一般的处理办法是：属于自然损耗产生的定额内合理损耗，转作管理费用；属于超定额的短缺以及毁损造成的损失，应由过失人赔偿；属于非常损失造成的存货损失，在扣除保险公司赔款和残料价值后，列作营业外支出。如果发生盘盈（一般由于收发计量及核算上的误差等原因造成），经批准可作冲减管理费用处理。

【例 9-4】 某企业在财产清查中发现 A 材料盘盈 5 吨，每吨 1 400 元。

在批准之前，根据“实存账存对比表”作如下会计分录：

借：原材料——A材料　7 000

　贷：待处理财产损溢——待处理流动资产损溢　7 000

经查明，盘盈的A材料系计量仪器不准而形成的溢余，经批准冲减管理费用，作如下会计分录：

借：待处理财产损溢——待处理流动资产损溢　7 000

　贷：管理费用　7 000

【例9-5】 某企业在财产清查中发现B材料盘亏50公斤，每公斤20元。

在批准之前，根据“实存账存对比表”作如下会计分录：

借：待处理财产损溢——待处理流动资产损溢　1 000

　贷：原材料——B材料　1 000

上述盘亏的B材料，经查明自然损耗为10公斤，意外灾害造成的损失为15公斤，过失人造成的毁损为25公斤。根据批准处理意见，作如下会计分录：

借：管理费用　200

　　营业外支出——非常损失　300

　　其他应收款——××　500

　贷：待处理财产损溢——待处理流动资产损溢　1 000

（三）固定资产清查结果的处理

企业发生固定资产盘亏时，按盘亏固定资产的净值，借记“待处理财产损溢——待处理非流动资产损溢”账户；按已提折旧，借记“累计折旧”账户；按固定资产的原价，贷记“固定资产”账户。盘亏的固定资产报经批准转销时，借记“营业外支出——盘亏损失”账户，贷记“待处理财产损溢——待处理非流动资产损溢”账户。

【例9-6】 某企业在财产清查中发现盘亏设备一台，账面原值为5 000元，已提折旧2 000元。

批准前，根据“固定资产盘盈盘亏报告表”作如下会计分录：

借：待处理财产损溢——待处理非流动资产损溢　3 000

　　累计折旧　2 000

贷：固定资产　　5 000

若经查盘亏原因是自然灾害所致，保险公司同意赔款 2 500 元，其余损失批准列入营业外支出，其会计分录如下：

借：营业外支出——盘亏损失　　500

其他应收款——保险公司　　2 500

贷：待处理财产损溢——待处理非流动资产损溢　　3 000

（四）应收、应付款清查结果的处理

在财产清查中，查明确实无法收回的应收账款和无法支付的应付账款，不通过“待处理财产损溢”账户进行核算，而是在原来账面记录的基础上，按规定程序报经批准后，直接转账冲销。对无法收回的应收账款即坏账损失，直接冲减坏账准备金；对于无法支付的应付账款经批准后，直接转作营业外收入。

【例 9-7】 长期无法收回的应收账款 500 元，按规定程序报经批准后，作如下会计分录：

借：坏账准备　　500

贷：应收账款　　500

【例 9-8】 长期无法支付的应付账款 1 500 元，经查实对方单位已解散，经批准作销账处理，作如下会计分录：

借：应付账款　　1 500

贷：营业外收入　　1 500

自测题

一、名词解释

1. 财产清查　2. 永续盘存制　3. 实地盘存制
4. 技术推算法　5. 未达账项

二、简答题

1. 造成企业财产物资账实不符的原因有哪些？
2. 什么是财产清查？试述财产清查的作用。
3. 简述未达账项的含义及其四种表现形式。

4. 财产清查前后应做好哪些准备工作和处理工作?

5. 举例说明财产清查结果的账务处理方法。

三、单项选择题

1. 财产清查是指通过各项财产物资进行盘点核对，来确定其（　　）是否相符一种方法。

A. 账存数与账存数　　B. 账存数与证列数

C. 账存数与实存数　　D. 账存数与表列数

2. 在永续盘存制下，平时对各项财产物资在账簿中的登记方法是（　　）。

A. 只登记增加数，不登记减少数

B. 只登记减少数，不登记增加数

C. 增加数、减少数均不登记

D. 对增加数、减少数均要逐笔登记

3. 在实地盘存制下，平时对各项财产物资在账簿中的登记方法是（　　）。

A. 只登记增加数，不登记减少数

B. 只登记减少数，不登记增加数

C. 增加数、减少数均不登记

D. 增加数、减少数均逐笔登记

4. 财产清查盘点制度包括（　　）。

A. 收付实现制　　B. 权责发生制

C. 实地盘存制　　D. 账面实现制

5. 根据管理上的需要，现金要（　　）。

A. 每日盘点一次　　B. 进行轮流清查或重点清查

C. 至少每月盘点一次　　D. 每月与银行核对一至二次

6. 银行存款至少（　　）应同银行核对一次。

A. 每日　　B. 每月　　C. 每季　　D. 每年

7. 通常情况单位撤销、合并或改变隶属关系时，要进行（　　）。

A. 全面清查　　B. 定期清查

C. 局部清查　　D. 年度清查

8. 实存账存对比表属于（　　）。

A. 自制原始凭证　　B. 外来原始凭证
C. 记账凭证　　D. 汇总记账凭证

9. 对存货、固定资产清查盘点（　　）。
A. 出纳员不许在场　　B. 会计和出纳必须在场
C. 实物保管员必须在场　　D. 实物保管员不必在场

10. 对现金清查（　　）。
A. 实物保管员必须在场　　B. 会计和出纳不必在场
C. 出纳员不必自始至终在场　　D. 出纳员必须在场

11. 下列各项中属于货币资金清查的是（　　）。
A. 其他货币资金的清查　　B. 存货的清查
C. 固定资产的清查　　D. 往来账的清查

12. 库存现金盘点报告表应由（　　）签章方能生效。
A. 经理和出纳　　B. 会计和盘点人员
C. 盘点人员和出纳　　D. 会计和出纳

13. 在记账无误的情况下，银行对账单与银行存款日记账账面余额不一致的原因是（　　）。
A. 暂收和暂付款　　B. 应收账款
C. 应付账款　　D. 未达账项

14. 对于大量成堆难以逐一清点的财产物资的清查，一般采用（　　）方法进行清查。
A. 实地盘点　　B. 抽样检验
C. 询证核对　　D. 技术推算盘点

15. 对现金的清查所采用的方法是（　　）。
A. 实地盘点法　　B. 账户价值法
C. 函证核对法　　D. 技术推算法

16. 技术推算法适用于（　　）的清查。
A. 流动性较大的物资　　B. 固定资产
C. 大宗露天存放的存贷　　D. 债权债务

17. 银行存款的清查，主要是将（　　）进行核对。
A. 银行存款日记账与总分类账
B. 银行存款日记账与银行存款收付款凭证

C. 总账的银行存款账户与银行存款收付款凭证

D. 银行存款日记账与开户银行的对账单

18. 对固定资产盘亏，经批准后，一般应按其净值转账，计入（ ）。

A. 管理费用　　B. 其他应收款

C. 营业外支出　　D. 实收资本

19. 存货的盘亏或毁损，属定额范围内的自然损耗和非过失人造成的损失，报经批准后，一般计入（ ）。

A. 管理费用　　B. 营业外支出

C. 其他应收款　　D. 生产成本

20. 盘亏或毁损的财产物资属于责任者个人赔偿的，应记入（ ）。

A. “管理费用”借方　　B. “营业外支出”贷方

C. “其他应收款”贷方　　D. “其他应收款”借方

四、多项选择题

1. 永续盘存制与实地盘存制的区别有（ ）。

A. 财产物资在账簿中的记录方法不同

B. 永续盘存制不需要进行财产清查

C. 实地盘存制不需要登记账簿

D. 永续盘存制与实地盘存制适用范围不同

E. 设置的账簿不同

2. 财产清查的内容包括（ ）。

A. 实物清查　　B. 实地清查

C. 现金清查　　D. 利润清查

E. 债权债务清查

3. 下列各项中属于财产全面清查范围的有（ ）。

A. 租入固定资产　　B. 应付账款

C. 在产品　　D. 应收账款

E. 租出固定资产

4. 财产清查按照清查时间划分为（ ）。

A. 全部清查　　B. 不定期清查

C. 核对账目　　D. 定期清查

E. 实地盘点

5. 财产清查前的准备工作包括（　　）。

A. 组织准备　　B. 总账、明细账等有关资料准备

C. 实物整理准备　　D. 度量衡器具准备

E. 清查专用表格准备

6. 不定期清查主要在特殊情况下进行，包括（　　）。

A. 变更财产物资和现金保管人员时

B. 发生非常灾害造成财产物资受损时

C. 年终结算时

D. 有关部门对企业进行审计时

E. 企业关、停、并、迁、改变隶属关系时

7. 对银行存款的清查应根据（　　）逐笔进行核对。

A. 银行存款实有数　　B. "银行存款"总分类账户

C. 银行存款日记账　　D. 银行对账单

E. 未达账项

8. 在编制银行存款余额调节表时，企业银行存款日记账的余额应加减的项目包括（　　）。

A. 银行已收，企业未收的款项　　B. 企业已收，银行未收的款项

C. 企业已付，银行未付的款项　　D. 银行已付，企业未付的款项

E. 企业已付，银行未收的款项

9. 各种应收、应付账项的清查内容包括（　　）。

A. 本企业与外部其他企业单位的应收、应付结算账项

B. 本企业与内部各部门之间的应收、应付结算账项

C. 对本企业职工的各种代垫、代付账项

D. 尚未报销的职工预借款项

E. 本企业计提的职工福利

10. "待处理财产损溢"账户的贷方记录的内容包括（　　）。

A. 发生的财产盘盈额　　B. 发生的财产盘亏

C. 结转经批准的财产盘盈额　　D. 结转经批准的财产盘亏

E. 结转坏账损失

五、判断题

1. 财产管理和会计核算工作较好的单位可以不进行财产清查。（　　）

2. 采用永续盘存制的企业，对财产物资一般不需要进行实地盘点。( )

3. 实地盘存制就是通过逐一点数、过磅或技术推算方法对各项实物进行清查的制度。( )

4. 某企业仓库被盗，为查明损失决定立即进行盘点，按照财产清查的范围应属于局部清查，按照清查的时间应属于不定期清查。( )

5. 账实不符是财产管理不善或会计人员水平不高的结果。( )

6. 实物清查和现金清查均应背对背进行，因此，实物保管人员和出纳人员不能在场。( )

7. 银行存款账实不符肯定是因为存在未达账项。( )

8. 对于未达账项，应编制银行存款余额调节表，以检查企业与银行双方账面余额是否一致，并据以调整有关账簿的记录。( )

9. 未达账项是由于企、事业单位的财会人员不及时登账造成的。( )

10. 调整无误的银行存款余额调节表的余额是企业银行存款的真正实有数。( )

六、核算题

1. 某企业2018年12月31日银行存款的账面余额为535 000元，开户银行送来对账单，其银行存款余额为508 000元，经查对，发现有以下未达账项：

(1) 12月28日，委托银行收款50 000元，银行已收入企业银行存款户，收款通知尚未送达。

(2) 12月28日，企业开出现金支票一张，计1 600元，企业已减少银行存款，银行尚未记账。

(3) 12月31日，银行为企业支付电费1 000元，银行已入账，减少企业存款，企业尚未记账。

(4) 12月31日，企业收到外单位转账支票一张，计64 000元，企业已收账，银行尚未记账。

要求：

(1) 根据上述资料中的未达账项，编制银行存款余额调节表，确定企业月末实际可用的银行存款余额。

(2) 假定银行对账单所列企业存款无误，未达账项也由双方查明无误，在编制调节表时所发现的错误数额是多少？企业银行存款的账面余额应是多少？

2. 某企业年终存货盘点情况如下：

（1）盘亏甲材料200吨，单位成本50元。

（2）盘盈A库存商品10件，同类库存商品单位成本为30元。

（3）盘亏B库存商品30公斤，单位成本为15元。

（4）企业发生水灾造成乙材料毁损400吨，单位成本为25元。

上述盘盈盘亏事项，经查明报经批准作如下处理：

（1）盘亏的甲材料200吨，其中50吨为经管人员责任，由其赔偿，其余为管理不善造成，计入管理费用。

（2）盘盈的产品成本冲减管理费用。

（3）盘亏的B库存商品全部由保管员赔偿。

（4）毁损的乙材料400吨，其中50吨可入库作材料用，应由保险公司赔偿6 000元，其余为非常损失。

要求：

（1）根据上述清查结果编制审批前的会计分录。

（2）根据报请批准后处理结果编制会计分录。

CHAPTER

10 第十章 财务报告

第一节 财务报告概述

一、财务报告的概念和作用

（一）财务报告的概念

财务报告亦称财务会计报告，是指企业对外提供的反映企业某一特定日期的财务状况和某一会计期间的经营成果、现金流量等会计信息的文件。财务报告包括财务报表和其他应当在财务报告中披露的相关信息和资料。

（二）财务报告的作用

财务报告的作用，主要表现在以下几个方面：

（1）能够满足投资者、债权人、供应商等有关各方信息使用者的需要。他们通过了解企业的财务状况、经营成果和现金流量，判断投资风险和投资报酬以及贷款或应收账款能否按期收回，并据此作出投资决策、信贷决策和销售策略方面的决策。

（2）能够满足国家经济管理部门制定宏观经济决策的需要。国家经济管理部门包括财政、金融、统计等，它们通过财务报表列报提供的会计信息，可以了解和掌握国民经济运行的态势，针对存在的问题，及时运用经济杠杆和其他手段，调节经济活动，优化资源配置。

（3）能够满足企业内部管理人员了解情况、作出微观经济决策的需要。企业管理人员可以根据报告中提供的数据，进行分析、比较，进而更全面、更深刻地认识本企业的经济活动和财务收支情况，正确评价经营成果，明确问题的原因，促使企业制定有效的改进措施，提高管理水平，保证企业生产经营的健康发展。

二、财务报表的定义、构成和分类

（一）财务报表的定义及构成

财务报表是对企业财务状况、经营成果和现金流量的结构性表述。

财务报表由报表本身及其附注组成，附注是财务报表的有机组成部分，为了达到财务报表能够满足有关各方的决策需要和评价企业管理层受托责任的目标，一套完整的财务报表至少应当包括“四表一注”，即资产负债表、利润表、现金流量表、所有者权益（或股东权益）变动表以及附注。考虑到小企业规模较小、外部信息需求相对较低，小企业编制的报表可以不包括现金流量表。

财务报表是财务报告的核心内容，但是除了财务报表之外，财务报告还应当包括其他相关信息，具体可以根据有关法律法规的规定和外部信息使用者的信息需求而定。

（二）财务报表的分类

财务报表可以按照不同的标准进行分类。

1. 按财务报表编报期间分类

按编报期间的不同，财务报表可以分为中期财务报表和年度财务报表。中期财务报表是以短于一个完整会计年度的报告期间为基础编制的财务报表，包括月报、季报和半年报等。中期财务报表至少应当包括资产负债表、利润表、现金流量表和附注，其中，中期资产负债表、利润表和现金流量表应当是完整报表，其格式和内容应当与年度财务报表相一致。与年度财务报表相比，中期财务报表中的附注披露可适当简略。

2. 按财务报表编报主体分类

按编报主体的不同，财务报表可以分为个别财务报表和合并财务报表。个别财务报表是由企业在自身会计核算基础上对账簿记录进行加工而编制的财务报表，它主要用以反映企业自身的财务状况、经营成果和现金流量情况。合并财务报表是以母公司和子公司组成的企业集团为会计主体，根据母公司和所属子公司的财务报表，由母公司编制的综合反映企业集团财务状况、经营成果及现金流量的财务报表。

（三）其他相关信息

企业在披露其他相关信息时，应根据法律法规的规定和外部信息使用者的需求而定。例如，社会责任、对社会的贡献和可持续发展能力等。

三、财务报表列报的基本要求

（一）遵循各项会计准则进行确认和计量

企业应当根据实际发生的交易和事项，遵循各项具体会计准则的规定进行确认和计量，并在此基础上编制财务报表。企业应当在附注中对遵循企业会计准则编制的财务报表作出声明，只有遵循了企业会计准则的所有规定时，财务报表才应当被称为“遵循了企业会计准则”。

企业不应以在附注中的披露代替对交易和事项的确认和计量。也就是说，企业采用的不恰当的会计政策，不得通过在附注中披露等其他形式予以更正。企业应当对交易和事项进行正确的确认和计量。

（二）列报基础

持续经营是会计的基本前提，是会计确认、计量及编制财务报表的基础。在编制财务报表的过程中，企业管理层应当利用其所有可获信息来评价企业自报告期末起至少 12 个月的持续经营能力。

（三）权责发生制

除现金流量表按照收付实现制编制外，企业应当按照权责发生制编制其他财务报表。

（四）重要性原则单独或汇总列报项目

财务报表是通过对大量的交易或其他事项进行处理而生成的，这些交易或其他事项按其性质或功能汇总归类而形成财务报表中的项目。关于项目在财务报表中是单独列报还是合并列报，应当依据重要性原则来判断。

1．重要性

重要性是判断项目是否单独列报的重要标准。企业会计准则首次对“重要性”概念进行了定义，即如果财务报表某项目的省略或错报会影响使用者据此做出经济决策，该项目就具有重要性。企业在进行重要性判断时，应当根据所处环境，从项目的性质和金额大小两方面予以判断：一方面，应当考虑该项目的性质是否属于企业日常活动、是否对企业的财务状况和经营成果具有较大影响等因素；另一方面，对于项目金额大小的重要性，应当通过单项金额占资产总额、负债总额、所有者权益总额、营业收入总额、净利润等直接相关项目金额的比重加以确定。

2．项目列报

如果某项目单个看不具有重要性，则可将其与其他项目合并列报；如具有重要性，则应当单独列报。具体而言，应当遵循以下几点：

（1）性质或功能不同的项目，一般应当在财务报表中单独列报，但是不具有重要性的项目可以合并列报。比如存货和固定资产在性质上和功能上都有本质差别，必须分别在资产负债表上单独列报。

（2）性质或功能类似的项目，一般可以合并列报，但是对其中具有重要性的类别应该单独列报。比如原材料、周转材料等项目在性质上类似，均通过生产过程形成企业的产品存货，因此可以合并列报，合并之后的类别统称为“存货”，在资产负债表上单独列报。

（3）项目单独列报的原则不仅适用于报表，还适用于附注。某些项目的重要性程度不足以在资产负债表、利润表、现金流量表或所有者权益变动表中单独列示，但是可能对附注而言却具有重要性，在这种情况下应当在附注中单独披露。仍以上述存货为例，对某制造业企业而言，原材料、周转材料、在产品、库存商品等项目的重要性程度不足以在资产负债表上单独列示，因此在资产负债表上合并列示，但是鉴于其对该制造业企业的重要性，应当在附注中单独披露。

(4) 无论是财务报表列报准则规定的单独列报项目，还是其他具体会计准则规定单独列报的项目，企业都应当予以单独列报。

(五) 列报的一致性

可比性是会计信息质量的一项重要质量要求，目的是使同一企业不同期间和同一期间不同企业的财务报表相互可比。为此，财务报表项目的列报应当在各个会计期间保持一致，不得随意变更，这一要求不仅针对财务报表中的项目名称，还包括财务报表项目的分类、排列顺序等方面。不过，当会计准则要求改变，或企业经营业务的性质发生重大变化后，变更财务报表项目的列报能够提供更可靠、更相关的会计信息时，财务报表项目的列报是可以改变的。

(六) 财务报表项目金额间的相互抵销

财务报表项目应当以总额列报，资产和负债、收入和费用不能相互抵销，即不得以净额列报，但企业会计准则另有规定的除外。这是因为，如果相互抵销，所提供的信息就不完整，信息的可比性大为降低，难以在同一企业不同期间以及同一期间不同企业的财务报表之间实现相互可比，报表使用者难以据此作出判断。例如，企业欠客户的应付款不得与其他客户欠本企业的应收款相抵销，如果相互抵销就掩盖了交易的实质。又如，收入和费用反映了企业投入和产出之间的关系，是企业经营成果的两个方面，为了更好地反映经济交易的实质，考核企业经营管理水平以及预测企业未来现金流量，收入和费用不得相互抵销。

以下三种情况不属于抵销，可以以净额列示：

(1) 某些类似交易形成的利得和损失以净额列示的，不属于抵销。比如，汇兑损益应当以净额列报，为交易目的而持有的金融工具形成的利得和损失应当以净额列报等。但是，如果某项损失具有重要性，则应当当单独列报。

(2) 资产或负债项目按扣除备抵项目后的净额列示，不属于抵销。资产计提的减值准备，实质上意味着资产的价值确实发生了减损，资产项目应当按扣除减值准备后的净额列示，这样才能反映资产当时的真实价值，并不属于上面所述的抵销。

（3）非日常活动并非企业主要的业务，且具有偶然性，从重要性来讲，非日常活动产生的损益以收入和费用抵销后的净额列示，对公允反映企业财务状况和经营成果的影响不大，抵销后反而更有利于报表使用者的理解。因此，非日常活动产生的损益应当以同一交易形成的收入扣减费用后的净额列示，并不属于抵销。例如，非流动资产处置形成的利得和损失，应按处置收入扣除该资产的账面金额和相关税费后的余额列示。

（七）比较信息的列报

企业在列报当期财务报表时，至少应当提供所有列报项目上一可比会计期间的比较数据，以及与理解当期财务报表相关的说明，目的是向报表使用者提供对比数据，提高信息在会计期间的可比性，以反映企业财务状况、经营成果和现金流量的发展趋势，提高报表使用者的判断与决策能力。列报比较信息的这一要求适用于财务报表的所有组成部分，既适用于四张报表，也适用于附注。

（八）财务报表表首的列报要求

财务报表一般分为表首、正表两部分。其中，在表首部分企业应当概括地说明下列基本信息：

（1）编报企业的名称，如企业名称在所属当期发生了变更，还应明确标明。

（2）对资产负债表而言，须披露资产负债表日，而对利润表、现金流量表、所有者权益变动表而言，须披露报表涵盖的会计期间。

（3）货币名称和单位，按照我国企业会计准则的规定，企业应当以人民币作为记账本位币列报，并标明金额单位，如人民币元、人民币万元等。

（4）财务报表是合并财务报表的，应当予以标明。

（九）报告期间

企业至少应当编制年度财务报表。根据《中华人民共和国会计法》的规定，会计年度自公历 1 月 1 日起至 12 月 31 日止。在编制年度财务报表时，可能存在年度财务报表涵盖的期间短于1年的情况。如企业在年度中间（如3月1日）设立，这种情况下，企业应当披露年度财务报表的实际涵盖期间及其短于1年的原因，并应当说明由此引起财务报表项目与比较数据不具可比性这一事实。

需要说明的是，财务报表格式和附注分别按一般企业、商业银行、保险公司、证券公司等企业类型予以规定。企业应当根据其经营活动的性质，确定本企业适用的财务报表格式和附注。除不存在的项目外，企业应当按照具体准则及应用指南规定的报表格式进行列报。本章以一般企业资产负债表、利润表格式为例进行讲解说明。

第二节 资产负债表

一、资产负债表的内容及结构

（一）资产负债表的内容

资产负债表是反映企业在某一特定日期的财务状况的会计报表，它反映企业在某一特定日期所拥有或控制的经济资源、所承担的现实义务和所有者对净资产的要求权。资产负债表主要反映资产、负债和所有者权益三方面的内容，满足“资产＝负债＋所有者权益”恒等式，并根据这一恒等式，依照一定的分类标准和一定的次序，将某一特定日期的资产、负债、所有者权益的具体项目予以适当的排列编制而成。

资产负债表的内容包括：①可以提供某一日期资产的总额及其结构，表明企业拥有或控制的资源及其分布情况，使用者可以一目了然地从资产负债表上了解企业在某一特定日期所拥有的资产总量及其结构；②可以提供某一日期的负债总额及其结构，表明企业未来需要用多少资产或劳务清偿债务以及清偿时间；③可以反映所有者所拥有的权益，据以判断资本保值、增值的情况以及对负债的保障程度。

（二）资产负债表的结构

资产负债表一般由表头、表体两部分组成。表头部分应列明报表名称、编制单位名称、资产负债表日、报表编号和计量单位；表体部分是资产负债表的主体，列示了用以说明企业财务状况的各个项目。资产负债表的表体格式一般有两种：报告式资产负债表和账户式资产负债表。报告式资产负债表是上下结构，上半部分列示资产各项目，下半部分列示负债和所有者权益项目。账户式资产负债表是左右结构，左边列示资产各项目，反映全部资产的分布即存在形态；右边列示负债和所有者权益各项目，反映全部负债和所有者权益的内容及构成情况。不管采取什么格式，“资产各项目的合计等于负债和所有者权益各项目的合计”这一恒等式不变。

在我国，资产负债表采用账户式结构，报表分为左右两方，左方列式资产各项目，大体按资产流动性的大小排列，流动性大的资产如“货币资金”“应收票据及应收账款”等项目排在前面，流动性小的资产如“长期股权投资”“固定资产”等项目排在后面。右方列示负债和所有者权益各项目，一般按照清偿时间的先后顺序排列，“短期借款”“应付票据及应付账款”等需要在1年以内偿还的流动负债排在前面，“长期借款”等在1年以上才需偿还的非流动负债排在中间，在企业清算之前不需要偿还的所有者权益项目排在后面。

资产负债表左右双方平衡，资产总计等于负债和所有者权总计，即“资产＝负债＋所有者权益”。此外，为了使使用者通过比较不同时点资产负债表的数据，掌握企业财务状况的变动情况及发展趋势，企业需要提供资产负债表。同时，资产负债表还需就各项目再分为“年末余额”和“年初余额”两栏分别填列。

二、资产负债表的列报方法

（一）资产负债表“期末余额”栏的填列方法

资产负债表“期末余额”栏内各项数字，一般应根据资产、负债和所有者权益类科目的期末余额填列。资产负债表各项目的填列方法，大体上可以归为以下几种情况。

1. 直接根据总账科目的余额填列

资产负债表中的有些项目，如“短期借款”项目，可直接根据有关总账科目的余额填列。有些项目则需根据几个总账科目的期末余额计算填列，如“货币资金”项目，需根据“库存现金”、“银行存款”、“其他货币资金”三个总账科目的期末余额合计数填列。

2. 根据有关明细账科目的余额计算填列

如“开发支出”项目，应根据“研发支出”科目所属的“资本化支出”明细科目期末余额填列；“应付票据及应付账款”项目，应根据“应付票据”、“应付账款”和“预付账款”科目所属的相关明细科目的期末贷方余额合计数填列；“应交税费”项目，应根据“应交税费”科目的明细科目余额分析填列，其中的借方余额，应当根据其流动性在“其他流动资产”或“其他非流动资产”项目中填列；“一年内到期的非流动资产”“一年内到期的非流动负债”项目，应根据有关非流动资产或负债项目的明细科目余额分析填列；“应付职工薪酬”项目，应根据“应付职工薪酬”科目的明细科目期末余额分析填列；“长期借款”“应付债券”项目，应根据“长期借款”“应付债券”科目的明细科目余额分析填列；“未分配利润”项目，应根据“利润分配”科目所属的“未分配利润”明细科目的期末余额填列。

3. 根据总账科目和明细账科目的余额分析计算填列

如“长期借款”项目，应根据“长期借款”总账科目余额扣除“长期借款”科目所属的明细科目中将在资产负债表日起1年内到期、且企业不能自主地将清偿义务展期的长期借款后的金额计算填列；“其他非流动资产”项目，应根据有关科目的期末余额减去将于1年内（含1年）收回数后的金额填列；“其他非流动负债”项目，应根据有关科目的期末余额减去将于1年内（含1年）到期偿还数后的金额填列。

4. 根据有关科目余额减去其备抵科目余额后的净额填列

如“可供出售金融资产”“长期股权投资”“在建工程”“商誉”项目，应根据相关科目的期末余额填列，已计提减值准备的，还应相应的扣减减值准备；“固定资产”、“无形资产”、“投资性房地产”、“生产性生物资产”和“油气资产”项目，应根据相关科目的余额扣减相应的累计折旧（摊销、折耗）填列，已计提减值准备的，还应扣减相应的减值准备，折旧（或摊销、折耗）年限（或期限）只剩1年或不足1年的，仍在上述项目中列示，不转入“一年内到期的非流动资产”项目，采用公允价值计量的上述资产，应根据相关科目的期末余额填列。

5. 综合运用上述填列方法分析填列

如“其他应收款”项目，应根据相关科目的期末余额，减去“坏账准备”科目中有关坏账准备期末余额后的金额填列；“应收票据及应收账款”项目，应根据“应收票据”、“应收账款”和“预收账款”科目所属的相关明细科目的期末借方余额合计数，减去“坏账准备”科目中有关“应收票据”“应收账款”计提的坏账准备期末余额后的金额填列；“预付款项”项目，应根据“预付账款”和“应付账款”科目所属各明细科目的期末借方余额合计数，减去“坏账准备”科目中有关预付款项计提的坏账准备期末余额后的金额填列；“存货”项目，应根据“在途物资”、“原材料”、“发出商品”、“库存商品”、“周转材料”和“生产成本”等科目的期末余额合计数，减去“存货跌价准备”科目期末余额后的金额填列；等等。

（二）资产负债表“年初余额”栏的填列方法

资产负债表“年初余额”栏通常根据上年末有关项目的期末余额填列，且与上年末资产负债表“期末余额”栏相一致。如果企业发生了会计政策变更、前期差错更正，应当对“年初余额”栏中的有关项目进行调整。如果企业上年度资产负债表规定的项目名称内容与本年度不一致，应当对上年末资产负债表相关项目的名称和数字按照本年度的规定进行调整，填入“年初余额”栏。

三、编制资产负债表举例

【例 10-1】沿用例 8-1 的资料。

根据前述资料，编制 2018 年 12 月份资产负债表，如表 10-1 所示。

表 10-1 **资产负债表**

会企 01 表

编制单位：南华工厂 2018 年 12 月 31 日 单位：元

资产	期末余额	期初余额	负债和所有者权益（或股东权益）	期末余额	期初余额
流动资产：			流动负债：		
货币资金	898 558	124 000	短期借款	150 000	0
应收票据及应收账款	131 360	56 780	应付票据及应付账款	536 600	431 000
预付款项	0	0	预收款项	0	0

续表

资产	期末余额	期初余额	负债和所有者权益（或股东权益）	期末余额	期初余额
其他应收款			应付职工薪酬	44 400	15 000
存货	266 700	171 500	应交税费	122 213	34 000
一年内到期的非流动资产			其他应付款	81 425	500
其他流动资产			一年内到期的非流动负债		
流动资产合计	1 296 618	352 280	其他流动负债		
非流动资产：			流动负债合计	934 638	480 500
可供出售金融资产			非流动负债：		
长期应收款			长期借款		
长期股权投资			应付债券		
投资性房地产			长期应付款		
固定资产	1 295 000	1 140 000	预计负债		
在建工程			递延收益		
生产性生物资产			递延所得税负债		
油气资产			其他非流动负债		
无形资产			非流动负债合计		
开发支出			负债合计	934 638	480 500
商誉			所有者权益（或股东权益）：		
长期待摊费用			实收资本（或股本）	1 313 280	513 280
递延所得税资产			资本公积		
其他非流动资产			盈余公积	48 463	8 000
非流动资产合计	1 295 000	1 140 000	未分配利润	295 237	490 500
			所有者权益（或股东权益）合计	1 656 980	1 011 780
资产总计	2 591 618	1 492 280	负债和所有者权益（或股东权益）总计	2 591 618	1 492 280

第三节 利润表

一、利润表的内容及结构

（一）利润表的内容

利润表是反映企业在一定会计期间的经营成果的会计报表。

利润表的列报必须充分反映企业经营业绩的主要来源和构成，这有助于使用者判断净利润的质量及其风险，有助于使用者预测净利润的持续性，从而做出正确的决策。通过利润表，可以反映企业一定会计期间收入的实现情况，如实现的营业收入有多少，实现的投资收益有多少，实现的营业外收入有多少，等等；可以反映一定会计期间的费用耗费情况，如耗费的营业成本有多少，税金及附加有多少，销售费用、管理费用、财务费用各有多少，营业外支出有多少，等等；可以反映企业生产经营活动的成果，即净利润的实现情况，据以判断资本保值、增值等情况。

（二）利润表的结构

利润表的格式包括表头和表体两部分。表头应列示会计主体的名称、提供信息的会计期间、所用货币的名称及单位等，这些体现了会计基本假设的要求。利润表的表体按损益计算的过程排列所有的项目，通常有两种排列方式：一种为单步式排列，用该方法排列的利润表称为单步式利润表；另一种为多步式排列，如此排列的利润表为多步式利润表。单步式利润表是将本期所有的收入项目加在一起，然后再把本期所有的成本、费用支出项目加在一起，两者相减，通过一次计算得出当期损益。在我国，企业利润表采用的基本上是多步式结构，即通过对当期的收入、费用、支出项目按性质加以分类，按利润形成的主要环节列示一些中间性利润指标，分布计算当期净损益，便于使用者理解企业经营成果的不同来源。

为了使财务报表使用者通过比较不同期间利润的实现情况，判断企业经营成果的未来发展趋势，企业需要提供比较利润表。同时，利润表还需就各项目再分为“本期金额”和“上期金额”填列。

（三）利润表的编制程序

我国企业利润表的主要编制步骤和内容如下：

第一步，以营业收入为基础，减去营业成本、税金及附加、销售费用、管理费用、财务费用、资产减值损失，加上投资收益（减：投资损失）和公允价值变动收益（减：公允价值变动损失），计算出营业利润。

第二步，以营业利润为基础，加上营业外收入，减去营业外支出，计算出利润总额。

第三步，以利润总额为基础，减去所得税费用，计算出净利润（或净亏损）。

第四步，以净利润和其他综合收益为基础，计算综合收益总额。

第五步，以综合收益总额为基础，计算每股收益。

二、利润表的填列方法

（一）本期金额栏的列报方法

本表“本期金额”栏一般应根据损益类科目和所有者权益类有关科目的发生额填列。

（1）“营业收入”项目，反映企业经营主要业务和其他业务所确认的收入总额。本项目应根据“主营业务收入”和“其他业务收入”科目的发生额分析填列。

（2）“营业成本”项目，反映企业经营主要业务和其他业务所发生的成本总额。本项目应根据“主营业务成本”和“其他业务成本”科目的发生额分析填列。

（3）“税金及附加”项目，反映企业经营活动应负担的消费税、城市维护建设税、资源税、土地增值税和教育费附加等。本项目应根据“税金及附加”科目的发生额分析填列。

（4）“销售费用”项目，反映企业在销售过程中发生的包装费、广告费等费用和为销售本企业商品而专设的销售机构的职工薪酬、业务费等经营费用。本项目应根据“销售费用”科目的发生额分析填列。

（5）“管理费用”项目，反映企业为组织和管理生产经营活动而发生的各种费用。本项目应根据“管理费用”科目的发生额分析填列。

(6)“财务费用”项目，反映企业为筹集生产经营所需资金而发生的费用。本项目应根据“财务费用”科目的发生额分析填列。

(7)“资产减值损失”项目，反映企业各项资产发生的减值损失。本项目应根据“资产减值损失”科目的发生额分析填列。

(8)“投资收益”项目，反映企业以各种方式对外投资所取得的收益。本项目应根据“投资收益”科目的发生额分析填列。如为投资损失，以“－”填列。

(9)“公允价值变动收益”项目，反映企业应当计入当期损益的资产或负债公允价值变动收益。本项目应根据“公允价值变动收益”科目的发生额分析填列。

(10)“营业利润”项目，反映企业实现的营业利润。如为亏损以“－”填列。

(11)“营业外收入”和“营业外支出”项目，反映企业发生的与生产经营无直接关系的各项收入和支出。这两个项目应分别根据“营业外收入”科目和“营业外支出”科目的发生额分析填列。

(12)“利润总额”项目，反映企业实现的利润。如为亏损，以“－”号填列。

(13)“所得税费用”项目，反映企业按规定从本期利润总额中扣除的所得税费用。本项目应根据“所得税费用”科目的发生额分析填列。

(14)“净利润”项目，反映企业实现的净利润。如为亏损，以“－”号填列。

(15)“其他综合收益的税后净额”项目，反映企业实现的其他综合收益各项目扣除所得税影响后的净额。如为亏损，以“－”号填列。

(16)“综合收益总额”项目，反映企业实现的综合收益总额。如为亏损，以“－”号填列。

(二) 上期金额栏的列报方法

利润表“上期金额”栏内各项数字，应根据上年该期利润表“本期金额”栏内所列数字填列。如果上年该期利润表规定的各个项目的名称和内容同本期不相一致，应对上年该期利润表各项目的名称和数字按本期的规定进行调整，填入利润表“上期金额”栏内。如为月度报表，要填列“本期金额”和“本年累计金额”。

三、编制利润表举例

【例 10-2】沿用例 8-1 的资料。

根据前述资料，编制 2018 年 12 月份利润表，如表 10-2 所示。

表 10-2　　　　利润表

会企 02 表

编制单位：南华工厂　　　2018 年 12 月份　　　单位：元

项目	本期金额	本年累计金额
一、营业收入	342 600	3 929 700
减：营业成本	254 700	3 056 400
税金及附加		
销售费用	0	5 500
管理费用	26 700	325 900
财务费用		
资产减值损失		
加：投资收益（损失以“—”号填列）		
公允价值变动收益（损失以“—”号填列）		
二、营业利润（亏损以“—”号填列）	61 200	541 900
加：营业外收入		
减：营业外支出	200	2 400
三、利润总额（亏损总额以“—”号填列）	61 000	539 500
减：所得税费用	134 875	134 875
四、净利润（净亏损以“—”号填列）	—73 875	404 625
五、其他综合收益的税后净额		
六、综合收益总额	—73 875	404 625
七、每股收益：		
（一）基本每股收益		
（二）稀释每股收益		

自测题

一、名词解释

1. 财务会计报告　2. 财务报表　3. 资产负债表　4. 利润表

二、简答题

1. 财务会计报告的作用是什么？
2. 财务会计报告是由哪些内容组成的？各自有什么特点？
3. 编制财务会计报告的基本要求是什么？
4. 资产负债表的作用是什么？如何编制？
5. 资产负债表各项目期末数的填列方法有哪几种？举例说明。
6. 利润表的作用是什么？如何编制？

三、单项选择题

1. 下列各项中，属于静态报表的是（　　）。

A. 资产负债表　　B. 现金流量表

C. 利润表　　D. 所有者权益变动表

2. 资产负债表和利润表项目的数据直接来源于（　　）。

A. 原始凭证　　B. 记账凭证

C. 日记账　　D. 账簿记录

3. 资产负债表中的“存货”项目，是指（　　）的期末余额。

A. 在途物资、原材料　　B. 库存商品、在途物资和原材料

C. 生产成本　　D. 以上都是

4. 编制资产负债表中应付票据及应付账款项目时，应考虑（　　）的期末余额。

A.“应付账款”总账户

B.“应付账款”各明细账户

C.“应付票据”“应付账款”各明细账户与“预付账款”各明细账户

D.“应付账款”与“预付账款”总账户

5. 如果企业月末“固定资产”账户余额为100万元，“累计折旧”账户余额为40万元，则企业资产负债表中“固定资产”项目金额应填列（　　）。

A. 100 万元　　B. 60 万元　　C. 140 万元　　D. 160 万元

6. 资产负债表中需要计算填列的是（　　）。

A. 短期借款　　B. 货币资金

C. 累计折旧　　D. 应付职工薪酬

7. 某企业“应收账款”明细账借方余额合计为 280 000 元，贷方余额合计为 73 000 元，“坏账准备”贷方余额为 680 元，则资产负债表的“应收账款”项目金额为（　　）元。

A. 207 000　　B. 279 320

C. 606 320　　D. 280 000

8. 资产负债表中资产的排列顺序是（　　）。

A. 项目收益性　　B. 项目重要性

C. 项目流动性　　D. 项目时间性

9. 下列资产负债表项目中，不可以直接根据总分类账户期末余额填列的是（　　）。

A. 资本公积　　B. 短期借款

C. 应收票据及应收账款　　D. 应付职工薪酬

10. 我国利润表采用（　　）格式。

A. 账户式　　B. 报告式

C. 单步式　　D. 多步式

11. 年末，资产负债表上“未分配利润”项目的填列依据是（　　）。

A. “本年利润”账户余额　　B. “利润分配”账户余额

C. 利润表　　D. “本年利润”账户发生额

12. 以“资产＝负债＋所有者权益”这一会计等式作为编制依据的会计报表是（　　）。

A. 利润表　　B. 所有者权益变动表

C. 资产负债表　　D. 现金流量表

13. 以“收入－费用＝利润”这一会计等式作为编制依据的会计报表是（　　）。

A. 利润表　　B. 所有者权益变动表

C. 资产负债表　　D. 现金流量表

14. 某企业“应付账款”明细账期末余额情况如下：W 企业贷方余额

为 200 000 元，Y 企业借方余额为 180 000 元，Z 企业贷方余额为 300 000 元。假如该企业“预付账款”明细账均为借方余额，则根据以上数据计算的反映在资产负责表上应付票据及应付账款项目的数额为（　　）元。

A. 680 000　　B. 320 000

C. 500 000　　D. 80 000

15. 填列资产负债表“期末数”栏各个项目时，下列说法中正确的是（　　）。

A. 主要是根据有关账户的期末余额记录填列

B. 主要是根据有关账户的本期发生额记录填列

C. 大多数项目根据有关账户的期末余额记录填列，少数项目则根据账户的本期发生额记录填列

D. 少数项目根据有关账户的期末余额记录填列，大多数项目则根据账户的本期发生额记录填列

16. 下列各项中，不能通过资产负债表了解的是（　　）。

A. 企业固定资产的账面价值

B. 企业资金的来源渠道和构成

C. 企业所掌握的经济资源及其分布情况

D. 企业在一定时期内现金的流入和流出的信息及现金增减变动的原因

17. 按照财务报表反映的经济内容分类，资产负债表属于（　　）。

A. 财务状况报表　　B. 经营成果报表

C. 对外报表　　D. 月报

18. 下列各项中，属于利润表反映内容的是（　　）。

A. 企业在一定期间内的财务状况　　B. 企业在一定期间内的经营成果

C. 企业在特定日期的财务状况　　D. 企业在特定日期的经营成果

19. 资产负债表中“货币资金”项目的填列依据是（　　）。

A. “银行存款”的账户余额

B. “库存现金”的账户余额

C. “库存现金”“银行存款”的账户余额的合计

D. “库存现金”、“银行存款”和“其他货币资金”的账户余额的合计

20. 下列报表项目中，需要计算填列的是（　　）。

A. 短期借款　　B. 实收资本

C. 存货　　D. 应付职工薪酬

21. 下列项目中，可以直接填列的是（　　）。

A. 货币资金　　B. 短期借款

C. 应收票据及应收账款　　D. 未分配利润

22. 企业编制利润表的依据是（　　）。

A. 相关账户余额　　B. 损益账户发生额

C. 借方余额账户　　D. 贷方余额账户

四、多项选择题

1. 财务报表的使用者一般包括（　　）。

A. 企业管理人员　　B. 政府有关部门

C. 银行及其他商业债权人　　D. 债权人

2. 财务报表的表头部分包括的要素有（　　）。

A. 报表名称　　B. 制表人

C. 编制单位　　D. 编制时间

3. 下列各项中，属于资产负债表项目的有（　　）。

A. 其他业务成本　　B. 应交税费

C. 未分配利润　　D. 固定资产

4. 资产负债表的项目中，需要根据明细账户的期末余额计算分析填列的有（　　）。

A. 存货　　B. 货币资金

C. 应收票据及应收账款　　D. 应付票据及应付账款

5. 关于利润表，下列说法中正确的有（　　）。

A. 是总括反映企业在一定时期经营过程与结果的财务报表

B. 是动态报表

C. 表体形式为单步式和多步式

D. 报表右边的金额数字包括本期金额和上期金额

6. 编制资产负债表中的“预收款项”项目，应依据（　　）账户分析填列。

A. 预收账款　　B. 应收票据

C. 预付账款　　D. 应收账款

7. 利润表提供的信息包括（　　）。

A. 实现的营业收入　　B. 发生的营业成本

C. 其他业务利润　　D. 利润或亏损总额

8. 下列各项目中，属于资产负债表中的流动资产项目的有（　　）。

A. 货币资金　　B. 预付款项

C. 应收票据及应收账款　　D. 无形资产

9. 能计入利润表中“营业利润”的项目有（　　）。

A. 主营业务收入　　B. 管理费用

C. 投资收益　　D. 所得税费用

10. 编制财务报表应满足的要求有（　　）。

A. 数字真实　　B. 计算准确

C. 内容完整　　D. 编报及时

11. 多步式利润表通过多步计算得出的利润指标包括（　　）。

A. 营业利润　　B. 利润总额

C. 净利润　　D. 综合收益总额

12. 资产负债表的作用有（　　）。

A. 了解企业拥有或控制的资产总额及其构成情况

B. 评价企业的偿债能力

C. 了解企业负债和所有者权益情况

D. 了解企业的获利能力

13. 下列各项中，可能影响资产负债表中“应付票据及应付账款”项目金额的有（　　）。

A. 应收账款　　B. 应付票据　　C. 应付账款　　D. 预付账款

14. 下列各项中，影响利润表“营业利润”项目计算因素的有（　　）。

A. 营业收入　　B. 营业外收入

C. 营业成本　　D. 管理费用

15. 下列各项中，需要计算填列的项目有（　　）。

A. 营业利润　　B. 所得税费用

C. 利润总额　　D. 净利润

16. 下列各项中，属于按报表所反映的经济内容分类的有（　　）。

A. 反映特定日期财务状况的报表

B. 反映某一会计期间经营成果的报表

C. 反映企业内部经营管理的报表

D. 反映某一会计期间现金流量的报表

17. 下列各项中，属于中期财务报表包括的内容有（　　）。

A. 月报　　B. 季报　　C. 半年报　　D. 年报

18. 下列各项中，属于按会计主体分类的报表有（　　）。

A. 个别财务报表　　B. 合并财务报表

C. 中期财务报表　　D. 年度财务报表

19. 编制报表前，为了保证数据的真实可靠，必须做的会计工作有（　　）。

A. 按期结账并核对　　B. 认真对账并进行财产清查

C. 试算平衡　　D. 检查报表项目编制的正确性

20. 下列项目中，属于资产负债表中“存货”项目的填列依据是（　　）。

A. 在途物资　　B. 库存商品　　C. 生产成本　　D. 制造费用

五、判断题

1. 资产负债表是反映企业在一定期间经营成果的报表，所以它是动态报表。（　　）

2. 虽然资产负债表中的项目有些是根据账簿记录直接填列，有些是根据账簿记录计算填列，但它们的共同之处都是来源于账簿的期末余额。（　　）

3. 利润表中的项目主要是根据损益类账户的余额分析计算填列。（　　）

4. 资产负债表中的“应交税费”“应付股利”“未分配利润”均是根据有关账户即“应交税费”、“应付股利”、“利润分配”账户记录的期末余额直接填列的。（　　）

5. 财务报表是综合反映企业资产、负债和所有者权益的情况及一定时期的经营成果和现金流量的书面文件。（　　）

6. 财务报表按其反映的内容，可以分为动态会计报表和静态会计报表。资产负债表是反映在某一特定时期内企业财务状况的财务报表，属于静态会计报表。（　　）

7. 资产负债表的“期末数”栏各项目主要是根据总账或有关明细账本期发生额直接填列的。（ ）

8. 资产负债表中的“货币资金”项目，应主要根据“银行存款”各种结算账户的期末余额填列。（ ）

9. 资产负债表中的“应收票据及应收账款”项目，应根据“应收票据”“应收账款”账户所属各明细账户的期末借方余额合计填列。如“预付账款”账户所属有关明细账户有借方余额，也应包括在本项目内。如“应收票据”“应收账款”账户所属明细账户有贷方余额，应包括在“预付账款”项目内填列。（ ）

10. 利润表中的“营业成本”项目，反映企业销售产品和提供劳务等主要经营业务的各项销售费用和实际成本。（ ）

附录　自测题中客观题参考答案

第一章　总　论

三、单项选择题

1. B　2. A　3. C　4. B　5. A　6. B　7. B
8. A　9. A　10. A　11. D　12. D　13. B　14. B
15. A　16. D　17. A　18. B　19. B　20. A

四、多项选择题

1. ABD　2. AC　3. ACD　4. ABD　5. ABC
6. ABC　7. ABCD　8. ACD　9. AD　10. ABC
11. ACD　12. BCD　13. ABCD　14. ABCD　15. ABD
16. ABC　17. CD　18. AC　19. ABC　20. ACD

五、判断题

1. ×　2. ×　3. ×　4. ×　5. ×　6. ×　7. √　8. √
9. √　10. √

第二章　会计科目、账户和复式记账法

三、单项选择题

1. C　2. A　3. A　4. D　5. C　6. C　7. A
8. B　9. D　10. C　11. A　12. D　13. B　14. C
15. D　16. A　17. B　18. C　19. D　20. D　21. B
22. A　23. C　24. A　25. D　26. B

四、多项选择题

1. ABC　2. ABC　3. ABCD　4. AB　5. ABD
6. AD　7. AB　8. BC　9. ACD　10. AD

11. BD　12. ABCD　13. ACD　14. AB　15. ABD
16. AB　17. ABC　18. AB　19. ACD

五、判断题

1. ×　2. √　3. √　4. √　5. ×　6. ×
7. √　8. ×　9. √　10. √　11. ×　12. √
13. √　14. ×　15. ×　16. ×　17. ×　18. ×
19. ×　20. ×

第三章　主要经济业务的核算

二、单项选择题

1. B　2. B　3. D　4. A　5. D　6. B　7. B
8. A　9. A　10. B　11. B　12. C　13. D　14. B
15. D　16. A　17. D　18. B　19. B　20. B　21. B
22. A　23. B　24. C

三、多项选择题

1. ABCD　2. ABC　3. AB　4. ABC　5. AB
6. ABC　7. BD　8. ABC　9. AB　10. BCD
11. ABD　12. ABD　13. ABCD　14. BCD　15. BCD
16. AC　17. ABCD　18. AC　19. ACD　20. ABCD
21. AD　22. ABD　23. BD　24. BCD　25. AB

四、判断题

1. ×　2. ×　3. ×　4. √　5. ×　6. √
7. ×　8. ×　9. ×　10. ×　11. √　12. ×

第四章　账户分类

三、单项选择题

1. D　2. A　3. D　4. A　5. B　6. A　7. C
8. C　9. A　10. C　11. C　12. D　13. C　14. C
15. D　16. A　17. B　18. A　19. B　20. C

四、多项选择题

1. CD　2. ABC　3. ABC　4. ABCD　5. ABC

6. BD　7. AC　8. ABC　9. AB　10. AD
11. ABCD　12. CD　13. BCD　14. AD　15. ABD
16. CD　17. CD　18. BD　19. BCD

五、判断题

1. √　2. ×　3. ×　4. √　5. √　6. ×　7. ×　8. ×
9. √　10. √

第五章　会计凭证

三、单项选择题

1. A　2. C　3. C　4. A　5. B　6. C　7. B
8. B　9. A　10. A　11. D　12. C　13. D　14. B
15. B　16. C　17. C　18. C　19. B　20. D　21. B
22. D　23. C　24. A　25. A　26. A　27. C　28. C
29. C　30. B

四、多项选择题

1. BC　2. BD　3. ABCDE　4. ABCDE　5. CD
6. ABC　7. ACD　8. ABDE　9. ACDE　10. BC
11. ABCD　12. ABC　13. AC　14. ACD　15. ABC
16. ABCD　17. ABCD　18. ACD　19. ADE　20. ABCD

五、判断题

1. ×　2. ×　3. √　4. √　5. ×　6. ×　7. ×　8. ×
9. ×

第六章　会计账簿

三、单项选择题

1. C　2. A　3. A　4. C　5. A　6. D　7. C
8. A　9. C　10. B　11. B　12. C　13. A　14. C
15. C　16. B　17. C　18. C　19. C　20. B　21. D
22. B　23. D　24. C

四、多项选择题

1. ABDE　2. BCD　3. ABE　4. ABE　5. ABC

6. ABD　7. ABCD　8. ACD　9. ABD　10. BCDE
11. ACE　12. ACE　13. BCE　14. ABE　15. ABE

五、判断题

1. ×　2. ×　3. ×　4. √　5. ×　6. √　7. √　8. ×　9. √

第七章　成本计算

三、单项选择题

1. D　2. A　3. D　4. C　5. B

四、多项选择题

1. ABD　2. BD　3. ABCE　4. BCD

五、判断题

1. ×　2. √　3. ×　4. ×

第八章　借贷记账法综合实训

无自测题。

第九章　财产清查

三、单项选择题

1. C　2. D　3. A　4. C　5. A　6. B　7. A
8. A　9. C　10. D　11. A　12. C　13. D　14. D
15. A　16. C　17. D　18. C　19. A　20. D

四、多项选择题

1. AD　2. ACE　3. BCDE　4. BD　5. ABCDE
6. ABDE　7. CD　8. AD　9. ABCDE　10. AD

五、判断题

1. ×　2. ×　3. ×　4. √　5. ×　6. ×　7. ×　8. ×
9. ×　10. √

第十章　财务报告

三、单项选择题

1. A　2. D　3. D　4. C　5. B　6. B　7. B

8. C　9. C　10. D　11. B　12. C　13. A　14. C
15. A　16. D　17. A　18. B　19. D　20. C　21. B
22. B

四、多项选择题

1. ABCD　2. ACD　3. BCD　4. CD　5. ABCD
6. ABD　7. ABD　8. ABC　9. ABC　10. ABCD
11. ABCD　12. ABC　13. BCD　14. ACD　15. ACD
16. ABD　17. ABC　18. AB　19. ABC　20. ABCD

五、判断题

1. ×　2. √　3. ×　4. ×　5. √　6. ×　7. ×　8. ×
9. ×　10. ×

参考文献

［1］财政部会计资格评价中心. 初级会计实务［M］. 北京：经济科学出版社，2018.

［2］朱小平等. 初级会计学（第九版）［M］. 北京：中国人民大学出版社，2019.

［3］李宝珍，田培源，尹文诚. 初级会计学［M］. 北京：中国市场出版社，2008.

［4］李宝珍，田培源. 初级会计学（第二版）［M］. 北京：中国市场出版社，2013.